ARMORIAL

DES

ANCIENNES FAMILLES

DE LA VILLE

ET DE

LA SÉNÉCHAUSSÉE

DE

CHATELLERAULT

PAR

J.-X. Carré de Busserolle, ancien Vice-Président de la
Société archéologique de Touraine,
Membre de la Société des gens de lettres

———•◦•———

TOURS

SUPPLIGEON, LIBRAIRE-ÉDITEUR

49, rue Nationale, 49

—•—

1886

ARMORIAL

DES ANCIENNES FAMILLES DE LA VILLE ET DE

LA SÉNÉCHAUSSÉE DE

CHATELLERAULT

ARMORIAL

DES

ANCIENNES FAMILLES

DE LA VILLE

ET DE

LA SÉNÉCHAUSSÉE

DE

CHATELLERAULT

PAR

J.-X. Carré de Busserolle, ancien Vice-Président de la
Société archéologique de Touraine,
Membre de la Société des gens de lettres

TOURS

SUPPLIGEON, LIBRAIRE-ÉDITEUR

49, rue Nationale, 49

1886

PRÉFACE

Cet ouvrage contient les armoiries des familles nobles et bourgeoises et des communautés de la ville et de la sé-chaussée de Châtellerault.

Bien que nous ayons fait tout notre possible pour le rendre complet, il offre, comme tous les recueils de ce genre, quelques lacunes inévitables.

Il s'est trouvé, en effet, des familles ou éteintes, ou éloignées depuis longtemps du Poitou, dont nous n'avons pu découvrir les armoiries.

En ce qui concerne les maisons nobles, on remarquera que nous avons mentionné avec soin les maintenues ou confirmations de noblesse, avec leur date précise.

La situation nobiliaire se trouve également indiquée,

soit par les comparutions aux assemblées de la noblesse, soit par les qualifications d'Ecuyer ou de Chevalier.

Suivant un usage adopté par presque tous les généalogistes, nous nous sommes servi, pour marquer ces qualifications, des abreviations Ec., et Chev.

Les armoiries des familles bourgeoises sont tirées de l'*Armorial général*, établi à Paris en vertu de l'édit de 1696.

Cet armorial, est un document officiel, doué de tous les caractères de la légalité et de l'authenticité.

Il assure aux familles nobles ou non nobles qui y sont mentionnées une possession incontestable de leurs armoiries.

Voici comment s'exprime l'édit dont nous venons de parler :

« Les armoiries des personnes, maisons et familles ainsi registrées, leur seront patrimoniales, et pourront en conséquence estre mises aux bâtiments, édifices, tombeaux, chapelles, vitres et litres des églises paroissiales, où les droits honorifiques appartenaient aux défunts lors de leur décès, et sur les tableaux, images, ornements et autres meubles par eux légués ou donnés, et estre portées par leurs veuves après leur mort tant qu'elles demeureront en viduité.

« Elles seront en outre héréditaires à leurs descendants, à la charge par ces derniers de les présenter, faire recevoir et registrer sous leurs noms dans l'année du décès des chefs de famille et autres auxquels elles auront appartenu. »

La question suivante a été soulevée au sujet de l'*Armorial général*.

Toutes les familles qui y figurent doivent-elles se considérer comme étant nobles ?

Non, toutes les familles qui y figurent ne seraient pas fondées à arguer de leur présence dans ce recueil pour établir des droits à la noblesse, et j'en trouve la preuve dans le texte même de l'édit de 1696.

Il y est dit que : « Les brevets d'enregistement d'armoiries sur lesquels elles seront désignées, peintes ou blasonnées, ainsi que dans les registres de *l'Armorial général*, ne pourront en aucun cas être tirés à conséquence pour preuve de noblesse. »

ARMORIAL

DES

ANCIENNES FAMILLES

DE LA VILLE

ET DE

LA SÉNÉCHAUSSÉE

DE

CHATELLERAULT

EN POITOU

ACTON, Chev., Sgrs d'Availles, de Marsay et de la Rivière. — Famille originaire des environs de Thouars. Elle a été maintenue dans sa noblesse en 1666.

D'argent, à 5 fleurs de lis d'azur, posées en devise; au franc-canton de gueules chargé d'un croissant d'or.

ADHUMEAU, Sgrs de Naintré, de Loubrière et de Meurs.

D'argent, au chevron d'or, à l'arbre de sinople, en pointe, soutenu d'une rose d'argent et cotoyé de deux autres roses de même.

Pierre Adhumeau, procureur au présidial de Poitiers, (1700) , portait :

D'or, à une colonne d'argent mise en bande.

ALAMAND, Chev., comtes de Concoursault.

Bandé d'or et de gueules.

ALOIGNY (d') , marquis de Rochefort, Sgrs de Cenon, la Groye, Ingrandes, la Boutière, la Varonne, le Grand-Pouillé, la Bernardière, Beaulieu, Cherzay, la Gosselinière, etc. — C'est une des familles les plus anciennes de France. Elle a fourni un chevalier croisé, un maréchal de France et un gouverneur de la vicomté de Châtellerault, Galehaud d'Aloigny (1479) .

De gueules, à 3 fleurs de lis d'argent, 2, 1.

AMIRAULT (N.) , chanoine de Notre-Dame de Châtellerault (1700) .

De gueules, à une ancre d'or ; au chef de sinople.

ANGLES (d') , Chev., Sgrs de Plumartin, au quatorzième siècle.

Gironné d'argent et de gueules.

APPELVOISIN (d') , marquis de la Roche-du-Maine, Sgrs de Chaligné. — Famille originaire d'Italie et établie en Poitou avant 1160. Un de ses membres a comparu à l'assemblée de la noblesse de la sénéchaussée de Châtellerault en 1789.

De gueules, à une herse d'or de 3 traits.

ARCHIAC (d') , Chev., Sgrs d'Availles. — Famille connue dès le onzième siècle.

De gueules, à deux pals de vair : au chef d'or.

ARGENCE (d') , Chev., Sgrs du Soucy, de la Martinière, des Ruisseaux, de la Fond, du Magnou, des Aulges, etc. — Famille connue dès le quatorzième siècle. Elle a été maintenue dans sa noblesse le premier juillet 1634 et le 28 juin 1667. Parmi ses alliances on remarque les familles Chasteigner, de Pierres, de Villedon, Turpin de Vihers, Beaupoil de Prévalon, Citoys, Gaborit de Montjou, Jahan de Belleville, Taveau de Morthemer et de Bengy-Puyvallée. Elle comparut à l'assemblée de la noblesse de la sénéchaussée de Châtellerault en 1789.

De gueules, à une fleur de lis d'argent.

ARMAGNAC (d') , comtes d'Armagnac, vicomtes de Châtellerault, barons de Termes, Sgrs de Salvert, Isoré, Anguitard, Piolant, Pouligny, etc. — Famille originaire de Gascogne. Elle a donné un conseiller d'état, Jean d'Armagnac (1593) . On remarque, parmi ses alliances, les familles de la Haye, de Sabazan, de la Fontaine, de Forges, Hamelin, d'Aviau, Deschamps, Le Tellier, Hue de Miromesnil, etc.

D'argent, au lion de gueules, surmonté de 3 chevrons d'azur.

ARNAUD (François) , marchand-bourgeois à Chenevelles (1700) .

D'or, à un chevron de sable, accompagné en pointe d'un épi de blé de gueules.

ARNAUD DE LIMBAUDIÈRE, à Châtellerault, en 1700.

De gueules, à 3 tours d'or, 2, 1.

ARNAUDET (N.), Ec., Sgr de la Briaudière, curé de St-Cyr (1700).

D'or, à 2 chevrons de sable, accompagnés en pointe d'un épi de blé, de gueules.

ARNAULT (Marie-Anne), veuve de N. de Niau, greffier des rôles de la paroisse de St-Germain (1700).

De gueules, à un lion d'or, accompagné en chef de 2 croissants d'argent, surmontés de 2 étoiles d'or.

ARNAULT (N.), curé de St-Romain de Châtellerault (1700).

D'azur, à un arc d'or.

ARSAC (d'), Chev., marquis de Ternay, Sgrs de Savoye, du Chesne, de la Fuye, etc. — Famille originaire de Bretagne. Elle a été maintenue dans sa noblesse les 31 mars 1635, 20 juillet 1638, 20 juillet 1667 et 20 avril 1716. Elle a comparu à l'assemblée de la noblesse du Poitou, en 1789.

De sable, à l'aigle éployée d'argent, becquée et onglée de gueules.

AUBÉPINE (de l'), Chev., marquis de Châteauneuf, Sgrs de Buxeuil.

Ecartelé ; aux 1 et 4 contre écartelé, aux 1 et 4 d'azur au sautoir alaisé d'or, accompagné de 4 billettes de même : aux 2 et 3 de gueules, à 3 fleurs d'aubépine d'argent; aux 2 et 3 des écartelures, de gueules, à la croix ancrée de vair.

AUBERT, Chev., Sgrs du Petit-Thouars, la Boutinière, la Normandelière, Rassay, etc. — Cette famille, dont la filiation remonte au treizième siècle, a été maintenue dans sa noblesse le 28 mai 1518 et en 1667. Elle s'est alliée aux familles Chasteigner, Foucher de Circé, de Surgères, de Chabot, Darrot, de Buisine, de Rochu, Blondé de Messemé, Desmé du Buisson, Bellegrand de Vaubois, de Nonant-Rasay, de Boumois, de la Boissière, Bergasse, etc.

D'azur, au haubert d'or.

AUBÉRY (d') , Chev., Sgrs du Maurier, de la Fontaine-d'Angé, de la Toucherie, de Boulart, de Négron, la Roche-St-Sulpice, etc. — Cette famille a été maintenue dans sa noblesse le 16 juillet 1667. Elle s'est alliée aux de Harlay, de Blin, du Buisson, d'Orvaux, de Beauvau, de la Barre, de Nettancourt, Vaillant d'Avignon, de Créquy, Fournier de Boisayrault, Poignant de Lorgères, etc. Elle a comparu, en 1789, à l'assemblée de la noblesse du Poitou.

De gueules, à un croissant d'or, accompagné de 3 trèfles d'argent, deux en chef, l'autre en pointe de l'écu.

AUBINEAU D'INSAY (Marie-Radégonde) , veuve d'Antoine le François, Chev., Sgr des Courtis, de la Valette et de Bertigny, et fille de Jean-Louis Aubineau d'Insay, Chev., Sgr de la Sigogne, président trésorier de France au bureau de Poitiers, et de Marie de Montenay. — En 1789, elle comparut à l'assemblée de la noblesse de la sénéchaussée de Châtellerault.

D'azur, à 2 fasces ondées d'argent, accompagnées en cœur d'un..... de même.

AUMONT (A nne d') , veuve de N. Fouquet, marquis de Clervaux.

D'argent, au chevron de gueules, accompagné de 7 merlettes de sable, 4, 3.

AUX (d') , Chev., marquis d'Aux, Sgrs de la Brachetière, paroisse d'Archigny, de Bournay, la Chaume, des Aubiers, la Bourdillière, etc. Cette famille a été maintenue dans sa noblesse le 22 mai 1634 et le 12 août 1667.

D'or, au lion de sable, au chef de gueules chargé de trois fers de lance à l'antique, d'argent.

AUX (N. d') , Ec., chanoine de Notre-Dame de Châtellerault (1698) .

D'azur, à un coq d'argent, becqué, barbé et membré de sinople.

AVIAU (d') , Chev., Sgrs de Relay, la Chèze-St-Remy, Buxeuil, Piolant, etc. — Famille issue de l'antique maison de Montfort. Elle a été maintenue dans sa noblesse en 1667. Parmi ses alliances on remarque ies familles de Campanichi, de Harcourt, de la Chaise, de Brillac, de Beaumont, des Ursins, de Lacepède, d'Outrelavoye, du Bois, de Martel de Lamarin, d'Armagnac, d'Aloigny, de Ferrières, des Housseaux, d'Arsac, de Lauzon de la Poupardière, de Mélient, etc.

De gueules, au lion d'argent, couronné de même, la queue fourchée et passée en sautoir.

AYMEI, marquis de la Chevallerie, Sgrs de Mortagne, Marigny, Germond, etc. — Famille originaire de St-Maixent. Elle a été maintenue dans sa noblesse en 1667.

D'argent, à une fasce componnée de sable et de gueules de 4 pièces.

BARACHIN, Ec., Sgrs des Moulins et de la Rodin. — Cette famille a été maintenue dans sa noblesse le 16 août 1667.

De gueules, bordé de sable, au lion d'or.

BARBOTIN (Marie), ve uvé d'Abraham Duchesne, Sgr de Boilardière, fut maintenue dans sa noblesse le premier septembre 1667.

D'azur, à 3 glands d'or.

BARDIN (de) , Ec., Sgrs du Poiron, de la Salle-d'Archigny, de Liglet, etc. — Famille connue dès le quatorzième siècle. Elle a été maintenue dans sa noblesse le 11 mars 1698 et le 19 septembre 1717.

De sinople, à 3 dauphins d'argent.

BARET DE ROUVRAY, Chev., Sgrs de Rouvray, la Gerbaudière, Cussy, Grandmont, Bois-Luneau, etc. — Famille connue dès le douzième siècle. Elle a comparu en 1789 à l'assemblée de la noblesse du Poitou.

D'azur, à 3 barbeaux d'or, celui du milieu contourné.

BARJOT, Chev., marquis de Roncée, Sgrs de la Bournais, Lugaisse, Montel, etc. — Famille originaire de Rourgogne.

D'azur, au griffon d'or, le franc-canton rempli d'une étoile de même.

BARRÉ (N.) , orfèvre à Châtellerault (1698) .

Barré de sable et d'argent de 8 pièces.

BASCLE (le) , Chev., marquis d'Argenteuil, Sgrs de Varennes, la Boussaye, la Loutiére, la Martinière, etc. — Famille connue dès 1240.

De gueules, à 3 macles d'argent, 2, 1.

BASLON (de) , Sgrs d'Availles. — Famille originaire d'Ecosse.

D'argent, à 3 fusées d'azur, 2, 1.

BEAUCHER (N.) , curé de Remeneuil, (1698) .

D'argent, chargé de 3 molettes d'éperon, de gueules.

BEAUMANOIR (de) , marquis de Lavardin, Sgrs de Beaumont et de Baudiment, au XVIIᵉ siècle.

D'azur, à 11 billettes d'argent, 4, 3, 4.

BEAUPOIL (N.) , docteur en médecine à Châtellerault (1698.)

D'or, à un sanglier de gueules.

BEAUPOIL DE BOISGOULARD (N.) , maître-particulier des eaux et forêts de l'élection de Châtellerault (1698.)

D'argent, à une bande de gueules.

BEAUPOIL DE LEPIARDIÈRE (N.) , à Châtellerault (1698.)

Echiqueté d'or et de gueules.

BEAUPOIL DU PLANTY (N.) , greffier des rôles à Châtellerault (1698) .

De gueules, à 3 chiens courants, l'un sur l'autre, d'argent.

BEAUREGARD (de) , Chev., Sgrs d'Orches, de Mondon, de la Durandière, etc. — Cette famille a été maintenue dans sa noblesse le 13 septembre 1669 et le 22 fevrier 1696.

La branche d'Orches portait:

D'argent, au chevron d'azur, accompagné de 3 roses de gueules, 2, 1.

La branche de Champnoir :

De sable, au chevron d'or, accompagné de 3 têtes de lamproies de même, 2, 1.

BEAUVILLAIN (N. de) , Ec., Sgr du Vau, sénéchal et prévôt provincial de Châtellerault, en 1698.

De gueules, à un chevron d'or, accompagné de 3 étoiles de même, 2 en chef, 1 en pointe, surmontées d'un croissant d'argent.

BEAUVILLAIN (Pierre) , greffier des rôles de la paroisse de Cernay (1698) .

De gueules, à un ange d'argent, coupé d'argent, à un diable de gueules.

BECOUGNEUX (N.) greffier au siège royal de Châtellerault (1698) .

D'azur, à 8 billettes d'or, 3, 3, 2.

BELLEAU (N.) , greffier alternatif de la paroisse de Leigné-les-Bois (1698) .

De gueules, à une bande d'or, chargée d'un lion de sable.

BERAUDIN, Chev., Sgrs de la Bourrelière, Puzay, la Tannière, etc. — Cette famille a été confirmée dans sa noblesse le 3 mai 1698. — Dans cette même année, Hardouin Beraudin remplissait les fonctions de lieutenant-particulier et assesseur au siège royal de Châtellerault.

D'azur, à 3 fasces d'or et 3 besans d'or en chef.

BERGER (Jacques) , greffier des rôles de la paroisse de St-Ustre (1698) .

De sinople, parti d'argent, à une houlette de l'un en l'autre.

BERLAND, Chev., Sgrs des Halles, des Grois, de la Guytonnière, des Ouches, etc. Famille connue dès le treizième siècle. Elle a été maintenue dans sa noblesse le 3 septembre 1667. François Berland était prieur de St-Romain de Châtellerault en 1659.

D'azur, à 2 merlans d'argent, semé d'étoiles d'or.

BERLAND (N.) , orfèvre à Châtellerault (1698) .

Bandé d'or et d'azur de 6 pièces.

BERTHELOT (Renée) , veuve de Pierre Benoist, Sgr de Chabannes (1698) .

De sable, à une aigle éployée, mi-parti d'argent et d'azur.

BERTHON (Marie) , veuve de N. Maignan, avocat à Châtellerault (1698) .

D'azur, à un lion d'or; au chef de sable, chargé d'une rose d'or.

BERTHON DE LA COUSINIÈRE (N.), greffier des rôles, à Châtellerault (1698).

D'argent, à 5 tourteaux d'azur, 2, 2, 1.

BESDON (de), Ec., Sgrs d'Oiré, de Mousseaux, de Doué, etc. — Cette famille a été maintenue dans sa noblesse le 29 août 1667.

D'argent, à 2 fasces d'azur, accompagnées de 5 roses de gueules, pointées de sinople, boutonnées d'or, 2, 2, 1.

BESLAY (Françoise) , femme de N. de Martel, lieutenant de vaisseau, dame de la Mothe-d'Usseau.

D'azur, à un chevron accompagné en chef de 2 étoiles, et en pointe d'un scorpion, le tout d'or.

BESSAC (Françoise) , veuve de N. du Bois, Sgr de la Morinière. — Elle fut maintenue dans sa noblesse le 12 septembre 1668.

D'azur, chevronné d'or de 2 pièces.

BESSAY (de) , comtes de Bessay et de Travarzay, Sgrs de la Voûte. — Cette famille a été maintenue dans sa noblesse le 26 février 1667. Elle s'est alliée aux familles de Bretagne, de Lusignan, de Thorigny, de Pondevie, de Lezay, de la Lande, de Chasteigner, Regnault de Travarzay, de Béchillon, de Baudry d'Asson, de Langle, etc.

De sable, à la bande fuselée de 4 pièces d'argent.

BÉTHISY (de) , marquis de Mézières, comtes de Béthizy, Sgrs de la Trompaudière et de Coussay-les-Bois.

D'azur, fretté d'or.

BILLY (de) , Chev. , Sgrs de Thuré et de la Tour-d'Oiré.

Vairé d'or et d'azur, à trois fasces de gueules.

BION (N.) , curé d'Antran et chanoiue de Notre-Dame de Châtellerault.

D'azur, à un lion d'or, sans tête, accompagné en chef, à dextre, d'un croissant d'argent; à senestre, d'une étoile de même, et en pointe d'une croisette d'argent.

BLANCHET (N.) , le jeune, orfèvre à Châtellerault (1698) .

D'argent, à 3 fasces de sable.

BLANCHET (N.) , l'aîné, orfèvre à Châtellerault (1698) .

D'hermines, à une fasce de gueules.

BLOM (de) , Ec., Sgrs d'Ouzilly et de Crouzilles. — Cette famille a été maintenue dans sa noblesse en 1598, 1634, 1665 et 1667.

D'argent, au sautoir de gueules cantonné de 4 croisettes de même.

BODIN (N.) , notaire à Châtellerault (1698) .

De sable, à un entonnoir d'or.

BODIN (N.) , procureur au siège de Châtellerault (1698) .

D'or, à une gerbe d'azur.

BODIN (N.) , avocat au siège royal de Châtellerault
(1698) .

D'or, à un lion d'azur, serrant de sa patte dextre une croix de
gueules.

BOIS (Pierre du) , greffier des rôles de la paroisse de
Montoiron (1698) .

D'or, à un bois de cerf de sinople.

BOISNET, Chev., Sgrs de la Frémaudière, du Pin, de
Bernay, etc. — Famille d'ancienne noblesse. Parmi ses
alliances on remarque les maisons de Lauzon, de Mont-
morency-Luxembourg, de Gourjault, d'Elbène, de Fay-
Peyraud, Mourault de la Vacherie, de Bosquevert, de Bé-
chillon, d'Assas, de Brilhac de Nouzières, Bouchet de
Grandmay, du Authier de Lambertye, Clément de la
Boistrie, etc.

D'argent, au chef d'azur, au lion de gueules entrant dans le
chef.

BOISNIER (Jeanne) , veuve de Michel Creuzé de la
Maisonneuve (1700) .

D'argent à un chef de gueules.

BONDY (Jean) , Sgr des Coudres, greffier des rôles
de la paroisse de Senillé (1700) .

De gueules, à un âne d'argent, contourné.

BONENFANT, Sgrs de la Sybillière, au dix-septième
siècle.

D'azur, à un chevron de gueules accompagné de 3 merlettes

d'argent, 2, 1, surmonté d'un lambel de trois pendants aussi d'azur.

BONNARD (Thimotée de), Ec., Sgr de Laubuge, vers 1700.

D'or, à 3 hachettes de gueules, enguichées d'azur, et virolées d'argent, 2, 1.

BONNEAU DE LA TOUCHE (Pierre-Alexandre), conseiller du roi, lieutenant civil, assesseur au siège royal de Châtellerault (1698).

D'azur, à une fontaine d'argent.

BONNET (Antoine), marchand, à Thuré (1698.)

De sable, à un bonnet carré, d'or.

BOSDIN (N.), à Châtellerault (1698.)

D'or, à une aigle de sable.

BOTTEREAU (Joseph), le jeune, marchand, à Châtellerault (1698).

D'argent, à 3 pals d'azur.

BOTTEREAU (N.), commissaire-expert juré, à Châtellerault (1698).

D'argent, à 3 aigles de sable, 2, 1.

BOUER (François), greffier des rôles, à Châtellerault (1698).

Pallé d'or et d'azur de 6 pièces.

BOUEX DE VILLEMORT (du), marquis de Villemort, Sgrs de Méré-le-Gaullier. — Cette famille a été maintenue dans sa noblesse en 1599, 1668 et 1716.

D'argent, à 2 fasces de gueules.

BOUIN DE NOIRÉ , Ec., Sgrs de Nancré, Chezelles, Verneuil, etc. — Cette famille a donné un maire perpétuel, président de l'élection de Châtellerault. Elle a comparu à l'assemblée de la noblesse du Poitou et de la Touraine en 1789.

D'azur, à une foi d'argent accompagnée de 3 soleils d'or.

BOUQUET (N.) , veuve de N. Berthon de la Cathaudière, à Châtellerault (1700) .

D'or, à une bande d'azur, chargée de 3 croissants d'argent.

BOURDEAU (Jean) , marchand, à Prinçay (1698) .

De gueules, fretté de 6 bourdons d'argent.

BOURSAULT (N.) , chanoine de Notre-Dame de Châtellerault (1698) .

De gueules, à une bourse d'argent.

BOURSAULT (N.) , veuve de Benjamin Fleuriau, à Châtellerault (1698) .

D'argent, à 3 fasces vivrées, d'azur.

BOUTET DE MARIVAST, Chev., barons des Ormes-St-Martin, au dix-huitième siècle.

D'argent, à la croix potencée, d'or, accompagnée de 4 croisettes de même.

BOUTIN (Isaac) , capitaine de milice bourgeoise à

Châtellerault (1698).

De gueules à un lion d'or.

BOUTIN DES FOUINIÈRES (N.), greffier à Châtellerault (1698),

D'or, à une croix de gueules.

BRICHETEAU (N.), fourrier des logis du roi, vers 1700.

D'azur, à un cygne d'argent.

BRIN (N.), curé d'Asnières (1698).

De gueules, à un épi d'avoine, d'argent.

BRISSONET (N.), notaire à Outillé (1698),

D'argent, à un sautoir de gueules, et un chef bandé d'or et d'azur de 6 pièces.

BRIZAY (de), marquis de Brizay, Sgrs de Remeneuil, la Tour-de-Brem, Availles, etc. — Famille connue dès le onzième siècle. Aimery de Brizay fut capitaine-gouverneur de Châtellerault sous le règne de Charles VI.

Fascé d'argent et de gueules de 8 pièces.

BROC (de), Chev., Sgrs de Pouligny, au dix-septième siècle.

De sable à la bande fuselée d'argent.

BROCHARD (Pierre), Sgr de la Borde et de Marigny, receveur des aides et tailles à Châtellerault, vers 1598.

D'or, au chevron d'azur, à 3 fraises de gueules, feuillées et tigées de sinople.

BRON (N.), Sgr de Lareux, lieutenant des dépôts à sel, à Châtellerault (1698).

De sable, à une fasce d'or, chargée de deux rocs d'échiquier, de gueules.

BROSSARD (de), Ec., Sgrs de la Bellangerie. — Cette famille a été maintenue dans sa noblesse le 9 septembre 1667.

D'azur au chevron d'or, à 3 fleurs de lis, du second.

BROSSIN (de), Chev., comtes de Méré. — Famille d'origine chevaleresque et sortie de l'Anjou. Elle a été maintenue dans sa noblesse les 21 juin 1663, 22 mars 1666 et 2 mai 1669.

D'argent, à un chevron d'azur.

BRUC (de), Ec., Sgrs de la Roumière.

D'azur, à un pont d'or, surmonté d'une étoile à 6 rais, de même.

BRUC (N. de), Ec., (1700).

D'or, à un sautoir de sable, engrêlé de gueules.

BRUCE (Catherine-Gabrielle de) (1700).

De gueules, à un chevron fuselé d'argent et de sable.

BRUNET (Louis), marchand-bourgeois à Châtellerault (1700).

De gueules, à un ours d'or et un chef de même.

BRUNET (Etienne), marchand à Châtellerault, en 1700.

D'or, à deux fasces de gueules.

BUNAULT DE MONBRUN , marquis de Monbrun. — Famille originaire du Roussillon. Un de ses membres a comparu à l'assemblée électorale de la noblesse du Poitou en 1789.

D'azur, au chevron d'or, accompagné en chef de 2 aiglettes éployées d'or, et en pointe d'un lion grimpant, aussi d'or.

BUREAU (Charles), curé de Poizay-le-Joli, en 1700.

D'or, à 5 burelles de sinople.

BYON (N.), doyen de Notre-Dame de Châtellerault (1700)

D'azur, à une étoile d'or en chef et un croissant d'argent en pointe ; parti de gueules, à un coutelas d'argent, garni d'or.

CAILLAUD (Emmanuel), curé de Nitré (1700).

De sable, à trois cailles d'argent, en bande.

CARRÉ, Ec., Sgrs de la Mothe. — Cette famille a été maintenue dans sa noblesse le 26 septembre 1667.

D'argent, à une bande de sable, chargée de trois roses d'argent.

CARRÉ (N.), veuve de N. Berthon, receveur des consignations, à Châtellerault (1700).

Losangé, d'or et de sable, chaque losange chargé d'une billette de l'un en l'autre.

CARRÉ DE BÜSSEROLLE, Chev., Sgrs de Busse-rolle, Laubière, la Pinotière, Saint-Marc, Bassimonon, Bissy, le Chataigner, etc. — Famille d'ancienne noblesse. Elle a donné un capitaine-gouverneur de Poitiers et a comparu aux assemblées de la noblesse du Poitou en 1651 et 1789.

D'azur, à une étoile d'or en chef et une rose de même en pointe.

CHABANNES (de). Cette famille résidait à la Cha-pelle-Roux en 1667.

De gueules, au lion d'hermines, couronné, armé et lampassé d'or.

CHABIEL DE MORIÈRE, Chev., Sgrs de Pilière, du Verger, la Tour-Gérard, etc. — Famille originaire d'Es-pagne. Bonaventure Chabiel de Morière, capitaine d'état-major, reçut le titre de baron, par ordonnance royale du 23 juillet 1824.

D'azur, à 3 pommes de pin d'or.

CHABON (François) , curé de Notre-Dame de Châ-tellerault (1698) .

D'or, à un chat de gueules, tenant dans sa gueule une sou-ris de sable.

CHABOT, Ec., Sgrs des Baudes et du Puy-de-Mari-gny (1700) .

D'or, à trois chabots de gueules.

CHAMBELLAIN (de) , Ec., barons des Ormes-St-Martin (1704) .

D'azur, à 3 lis d'argent, grenés et tigés d'or, rangés sur une terrasse de même, et 3 étoiles d'or en chef.

CHAMOIS (N.) , Sgr des Fontaines (1700).

D'argent, à un vol d'azur.

CHARCELLAY DE BORS, Ec., Sgrs de Bors, de la Brosse et de Piétertault. — Famille originaire de Preuilly, en Touraine. En 1767, Auguste-Joseph Charcellay de Bors était lieutenant des maréchaux de France dans la sénéchaussée de Châtellerault.

D'argent, à 2 poissons d'azur, nageant dans une mer de même, en pointe de l'écu ; au chef de gueules chargé de trois étoiles d'argent.

CHARPENTIER (Gabriel) , greffier des rôles de la paroisse de Coulombiers (1700).

D'or, à un compas d'azur.

CHARLET , Ec., Sgrs du Chasteau, de la Chaussée, de la Poupardière et de Ports. — Cette famille a été maintenue dans sa noblesse en 1667.

D'or, à une aigle de sable.

CHARTIER, Chev., Sgrs de Coussay-les-Bois, la Vervollière, la Jaille, etc., barons de l'Empire.

D'argent, au chevron d'azur, chargé de 5 besans d'argent, et accompagné de 2 demi-vols de sable en chef, et d'un hérisson de même en pointe : franc-quartier de baron propriétaire brochant sur l'un des demi-vols.

CHASTEAU, Ec., Sgrs du Pin. — Famille maintenue dans sa noblesse le 26 juillet 1668.

D'azur, au chevron d'or, à deux tours d'argent en chef et un sanglier au naturel.

CHASTEIGNER (de), Chev., marquis de St-Georges de Rexe, de Sainte-Foy et de Tennesue, comtes de Chinssé, barons de Preuilly, de Malval, du Lindoys, Sgrs de la Rochepozay, des Loges, etc. — Famille connue dès le onzième siècle et qui a produit un grand nombre d'illustrations.

D'or, au lion de sinople passant ou posé. armé et lampassé de gueules.

CHATEAU-CHALONS (de), Chev., Sgrs de la Fontaine. — Famille originaire de la Franche-Comté, où elle est connue dès le onzième siècle. Elle a été maintenue dans sa noblesse le 30 juin 1630, et a comparu à l'assemblée de la noblesse de Touraine en 1789.

D'argent, à la bande d'azur chargée de 3 châteaux d'or.

CHATELLERAULT (Corporations de la ville de) :

Les maréchaux et cloutiers.

D'azur, à un Saint-Eloi d'or.

Les maîtres-couteliers.

De gueules, à une décollation de saint Jean-Baptiste, d'argent.

Les maîtres-tanneurs.

D'azur, à une Sainte-Vierge ayant les mains jointes, d'or, er posant ses pieds sur un croissant d'argent.

Les maîtres-bouchers.

D'azur, à une Sainte-Trinité d'or.

Les maîtres-tisserands.

D'azur, à une Nativité de Notre-Dame, d'argent.

Les serruriers.

D'argent, à une clé de sable accostée de 2 fusées de gueules.

Les armuriers.

De gueules, à 2 pistolets d'argent passés en sautoir.

Les orfèvres et horlogers.

De gueules à un Saint-Eloi d'argent.

Les maîtres-cardeurs et tireurs d'étain.

D'argent à un Saint-Blaise d'or, vêtu en tunique.

Les charpentiers et couvreurs.

D'azur, à une Ascension de Notre-Seigneur, d'or.

Les menuisiers, tourneurs, charrons et charpentiers de bateaux.

D'azur, à une Sainte-Anne, d'or.

Les boulangers.

D'azur, à un Saint-Honoré vêtu pontificalement, d'or.

Les sergettiers et chapeliers.

D'azur, à une Assomption de Notre-Dame, d'or,

Les apothicaires et chirurgiens.

D'azur, à un Saint-Côme et un Saint-Damien, d'or.

Les tailleurs d'habits.

D'azur, à deux ciseaux d'or, ouverts, en sautoir.

Les faïenciers et vitriers.

Losangé d'argent et de sinople, à un sceau de sable brochant sur le tout ; au chef d'or chargé de trois tasses d'azur, diaprées d'or.

Les cordonniers.

De gueules, à un couteau à pied, d'argent, emmanché d'or.

Les corroyeurs, selliers, bourreliers et mégissiers.

D'azur, à une toison d'argent, en pal ; à dextre une sella d'or, à senestre un collier de cheval, de même.

Les sabotiers et tonneliers.

D'argent, à 3 maillets, de gueules.

CHATELLERAULT (la ville de).

D'or, à un château de sinople, ajouré et maçonné de sable.

CHATELLERAULT (Le corps des officiers de l'élection de).

D'azur, à 3 fleurs de lis d'or, 2, 1.

CHATELLERAULT (Les religieuses de Notre-Dame de).

D'azur, à une Notre-Dame, d'argent.

CHATELLERAULT (Le couvent des Minimes de).

D'azur, à un Saint-Roch vêtu en pélerin, avec son chien, le tout d'or.

CHATELLERAULT (Le Chapitre de Notre-Dame de).

D'azur, à une Notre-Dame, d'argent.

CHATRE (de la), Chev., comtes et barons de la Châtre, Sgrs de Paray, Piégu, la Touche, Sassay, le Haut-Fleuré, la Rochebelusson, etc. — Famille originaire du Berri et des plus anciennes de France. Elle a donné un cardinal, des évêques, deux maréchaux de France, des lieutenants-généraux, des ambassadeurs, des chevaliers de l'ordre du roi, etc.

Sa noblesse a été plusieurs fois confirmée, notamment le 15 décembre 1715.

On remarque, parmi ses alliances, les familles de Musard, de la Barre, de Grellet, de Lauzon, de Wissel, de Thianges, de Mauvise, de Fougières, Bonamy de la Princerie, de Turpin, de Montmorency, etc.

De gueules, à la croix ancrée de vair.

CHAUBIER (N.), curé de Cenon (1698).

D'or, à un réchaud de gueules.

CHAUGIÉ (de), Ec., Sgrs de Villesert et de Villiers. — Cette famille a été maintenue dans sa noblesse le 26 septembre 1667.

De gueules, à la croix d'argent cantonnée de 16 croisettes, 4, 4, 4, 4.

CHAUVIGNY (de), Sgrs de Monbrard, au quinzième siècle.

D'argent, à cinq fusées de gueules posées en fasce.

CHERGÉ (de) , Chev., Sgrs de Buxeuil, la Martinière, Launay, le Brochetière, Vallette, Blanzais, Villognon,
etc. — Famille noble, de très-ancienne extraction. Elle
est originaire des confins du Loudunois, de la Touraine et
de l'Anjou. Elle a obtenu des maintenues de noblesse à diverses époques, dans les généralités de Tours, de Poitiers
et de Limoges. Parmi ses alliances on remarque les familles de Couhé, du Plessis, de la Rochefoucaud, de Fougè-
res, de Maurivet, du Fresnay, de Sazilly, de la Jaille, de
Marans, de Vonnes, de Tubert, de Vendel, de Gréaulme,
de Bellère, Dexmier de Chenon, de Fleury, de Lauzon, de
Beaupoil de St-Aulaire, de Brilhac, de Juglart, de l'Admirault, etc.

Les de Chergé de la Martinière portaient :

D'argent, au chef d'azur.

De Chergé de la Noraie :

D'argent, au chef de sinople chargé de 3 étoiles d'or.

De Chergé de Mornac :

D'azur, à la fasce d'argent, chargée de 3 étoiles de gueules.

CHESNEAU (du) , Ec., Sgrs de Doussay, la Croix, la
Loge, etc.

D'argent, au lion couronné, de gueules.

CHESNEAU (N.) , contrôleur des deniers d'octroi à
Châtellerault, vers 1698.

D'azur, à une licorne passante, d'argent.

CHESSÉ (de) , Ec., Sgrs d'Ingrandes, Charassé, Ry,

Pindray, etc. — Famille originaire de Poitiers. Elle a été maintenue dans sa noblesse en 1667. Parmi ses alliances on remarque les familles du Jau, Taveau de Morthemer, Frottier de la Messelière, Rogier, Richard des Groix, de Chauvelin, Fumée, Bellivier de Prins, Mangin, de Falloux du Lys, etc.

D'argent, au chevron de gueules, accompagné de 3 merlettes de sable.

CHÉTARDIE (de la), Chev., Sgrs de Buxeuil-sur-Creuse, Paviers et de la Celle-St-Avent, au dix-septième siècle. — Famille originaire du Limousin.

De gueules, à deux chats passants, d'argent, l'un sur l'autre.

CHEVALIER, Chev., Sgrs d'Availles, la Coindasdière, la Frappinière, Nanteuil, etc. — Famille connue dès le douzième siècle. Elle a été maintenue dans sa noblesse en 1667.

De gueules à 3 clefs d'or.

CHEVALIER (Guillaume) , curé d'Usseau, vers 1700.

De gueules, à une croix à 8 pointes, d'or, vidée et pommetée.

CHEVALIER (N.), premier échevin de Châtellerault (1698).

D'azur, à une fasce d'argent, chargée de trois besans de sable.

CHEVALLEAU DE BOISRAGON, Chev., Sgrs de la

Tiffardière, Boisragon, les Forges, Mazerolles, etc. — Famille connue dès le treizième siècle. Elle a été confirmée dans sa noblesse en 1666, et s'est alliée aux familles de Menou, de St-Gelais, de Regnon, de Marconnay, de Laste, de Constant, de Gondin de Carsan, du Brenil-Hélion de Combes, de Razilly, de Mondion, Desmontiers de Mérinville, etc.

D'azur, à trois roses d'argent.

CHILLEAU (du), Chev., Sgrs d'Orfeuil, la Charrière, la Roche-du-Montet, la Tour-Savary, etc. — Famille connue dès le treizième siècle. En 1770, Gabriel-Louis du Chilleau remplissait les fonctions de sénéchal d'épée, président et lieutenant-général en la sénéchaussée de Châtellerault, et juge de police de cette ville.

De sable, à 3 moutons paissants, d'argent.

CLERET, Chev., Sgrs de Méré-le-Gaullier, au quinzième siècle.

D'or, à 2 fasces ondées, de sable.

COMPAING, Chev., Sgrs de la Tour-Girard. — Cette famille a été maintenue dans sa noblesse le 31 décembre 1667.

D'azur, à 3 fasces d'or, à 2 étoiles de même en chef, et un cœur de gueules navré d'une flèche au-dessous de la première fasce, et une étoile d'or au-dessous de la seconde, en pointe.

CONSTANT, Chev., Sgrs de la Brosse, des Chezeaux, de la Grande-Maison, Chaumont, etc. — Cette famille a été maintenue dans sa noblesse en 1667.

D'argent, au palmier de sinople, en pal, à la terrasse de même.

CONTY D'ARGICOURT (de) , Chev., marquis d'Argiconrt, Sgrs de Cremault, Travarzay, Méré, etc. — Un des membres de cette famille a comparu à l'assemblée de la noblesse du Poitou, en 1789.

D'or, au lion de gueules.

CORNEAU (François) , curé de Nancré, vers 1700.

De gueules à 2 cornets d'argent, l'un sur l'autre.

COTHEREAU DE GRANDCHAMP, Ec., Sgrs de Grandchamp et d'Anché. — Joseph-Pascal-Louis Cothereau de Grandchamp, chevalier de St-Louis, comparut en 1789, à l'assemblée de la noblesse du Poitou.

De gueules, à un lion naissant d'or, coupé d'azur.

COUDREAU (Hilaire) , greffier des rôles de la paroisse de Vaux (1700) .

De gueules, à une fasce d'argent chargée de 5 aiguilles de sable.

COUHÉ DE LUSIGNAN (de) , Chev., Sgrs de Laubressay, Laage, la Guitière, la Tour-Légat, etc. — Cette famille, issue de l'illustre maison de Lusignan, a été maintenue dans sa noblesse le 21 avril 1599 et le 5 juillet 1668. Elle a donné un chevalier-banneret, Rogon de Couhé (1213) .

D'azur, à 3 gerbes d'or, liées de gueules.

COURTINIER, Chev., Sgrs du Vivier, de la Millanchère, de Valançay, Moulins, etc. — Cette famille fut confirmée dans sa noblesse³ le 3 septembre 1667. Parmi ses alliances on remarque les familles de Blacwood, de Fumée de Fouchier, Dexmier, de Jarno, de Chevreux, le Riche, Claveurier, Ménage, Gaborit de Trié, Dupont de Moulins, etc....

De gueules, à 6 annelets d'argent, 3, 2, 1, surmontés de 3 fers de lance de même, rangés en chef, la pointe en bas.

CREUZET (Hugues) , orfèvre à Châtellerault, vers 1700.

De gueules, à un creuset d'or.

CROZET (du), Chev., Sgrs de Chistré. — Famille originaire de l'Auvergne.

D'argent à 3 trèfles de gueules.

CRUX (de), marquis de Montaigu, Sgrs de Targé, la Roche-Servière, Boisrenaud, etc.

Cette famille a été maintenue dans sa noblesse le 12 avril 1667.

D'azur, à 2 cotices d'argent, accompagnées de sept coquilles de même.

DAGUESSEAU Ec., Sgrs du Port-de-Lésigny.

D'azur, à 2 fasces d'or, accompagnées de 6 coquilles d'argent, 3, 2, 1.

DAGUESSEAU (Madeleine) , veuve de Henri Rogier, Ec., Sgr de la Boutelaie.

D'or, à un char de sable, coupé de gueules, à une rose d'argent.

DAUDIN (Marie-Anne), femme de N. de Beauregard, Ec., Sgr de la Cour-d'Orches (1700).

D'azur, semé de clochettes d'argent.

DAUPHIN (N.), conseiller du roi honoraire, ancien procureur du roi au siège royal de Châtellerault (1698).

De gueules, à une bande d'or, accompagnée en chef d'un lion d'argent rampant sur la bande, et en pointe d'un dauphin aussi d'argent, couronné d'or.

DAVAILLE (Louis), greffier des rôles, à Châtellerault (1698).

D'or, à 3 palmes d'hermines.

DAVID (N.), chirurgien royal, à Châtellerault, en 1698.

D'or, à 3 corbeaux de sable, 2, 1.

DELAVAU, Ec., Sgrs de Tréffort et de la Massardière, au dix-septième siècle.

D'azur, au chevron d'or, à 2 étoiles d'argent en tête, an cerf passant, aussi d'argent, appuyé sur une colonne de même.

DEMONS, Sgrs de Tarnay, aux quinzième et seizième siècles.

D'argent, à la bande de gueules, chargée de trois griffes de de lion d'or, accompagnées d'une aigle double, éployée, d'azur, au-dessus, et de 3 mouchetures d'hermines au-dessous.

DENIAU (N.) Sgr des Fillons, conseiller du roi au siège royal de Châtellerault (1698).

D'or, à un chevron pallé de sable et d'argent de 8 pièces.

DENIAU (N.) , Sgr de la Marsaudière, conseiller du roi, élu en l'élection de Châtellerault (1698) .

(Portaît les mêmes armes que le précédent) .

DERAZES, Chev., Sgrs de la Bourdillère, Couture, Verneuil, Ché, Puygrenier, Moulismes, etc., comtes d'Auzances. — Cette famille, d'ancienne noblesse, compte parmi ses alliances, les maisons de Montrocher, de Pot de Rhodes, d'Aux, Barbarin du Bost, Mayaud, de Chouppes, de Morel de St-Léger, de Cugnac, de la Coussaye, de la Lande de la Riche ,etc. — Un de ses membres a comparu à l'assemblée de la noblesse du Poitou en 1789.

Pallé de 6 pièces d'or et d'azur, au chef d'argent chargé de 3 feuilles de fougère de sinople, en pal.

DESCHAMPS (N.) , notaire royal à Châtellerault en 1700.

De sinople, à 5 fusées d'or, en barre.

DESPRÈS, Chev., Sgrs de la Jarrière, du Vivier, d'Ambreuil, la Glomière, etc. — Cette famille, connue dès le treizième siècle, a été maintenue dans sa noblesse le 26 septembre 1667. Elle a donné un chevalier de Malte. Parmi ses alliances on remarque les familles de Beauçay, de Chasteigner, de Sauzay, de la Voirie, de St-Gelais, de de Vignerot, de Rouzay, de Parthenay, de Marconnay, de Liniers, Jolly de St-Picq, etc. — Louis-Quentin Desprès d'Ambreuil comparut à l'assemblée de la noblesse du Poitou, en 1789.

D'or, à 3 bandes de gueules, au chef d'azur chargé de 3 étoiles d'or.

DIEULEFIT (N.) Sgr des Barres, contrôleur aux dépôts de Châtellerault (1698) .

D'or, à un monde d'azur, cerclé d'argent et sommé d'une croix de même.

DIEULEFIT DE BEAUREGARD (N.) , greffier des rôles, à Châtellerault (1698) .

De gueules, à une croix ancrée, d'argent.

DOLIVE, Ec. — Cette famille a été maintenue dans sa noblesse en 1667. Vers 1700, elle résidait à Orches.

De sable, à 2 léopards d'argent.

DORAT, Chev., Sgr des Bordes, de la Vergne et de Jeu. — Cette famille a été maintenue dans sa noblesse le premier septembre 1667.

D'or, à un émerillon de gueules.

DOUTRELEAU, Ec., Sgrs de Beaulieu. — Cette famille a été maintenue dans sa noblesse le 11 mai 1668.

De gueules, à 3 croissants d'argent.

DROUIN (Guillaume) , marchand à Châtellerault, vers 1700.

Pallé d'or et d'azur de 6 pièces, à une barre de gueules brochant sur le tout.

DROUINOT (François) , curé de Marigny-Brizay, en 1700.

D'or, à un écusson écartelé d'azur et d'hermines.

DUBOIS, Ec., Sgrs de la Morinière. — Cette famille a

été maintenue dans sa noblesse en 1668.

D'azur, à 3 chevrons d'or.

DUBOIS, Éc., Sgrs du Mée.

D'or, à 3 arbres de sinople rangés sur une terrasse de même, au chef de gueules chargé de 3 besans d'or.

DUCHESNE, Chev., Sgrs de Vauvert, St-Léger, Rufane, etc. — Cette famille a été confirmée dans sa noblesse le 23 mars 1665, le 7 septembre 1667 et le 16 février 1715. Elle s'est alliée aux familles de Jouslard, de Guignard de la Salle, Avice de la Carte, d'Auzy du Fief, de Bremond d'Ars, de Lescours, de Pont-Briand, de Brilhac de Nouzières, Lecomte du Rivault, Mayaud de Boislambert, Hugueteau de Gourville, de Rechignevoisin, du Pin de la Guérivière, etc.

D'azur, à 3 glands d'or, 2, 1

DUGUET, Sgrs de la Voûte.

D'azur, à un écu d'argent en abîme, accompagné de 3 têtes de brochet, d'argent, 2, 1.

DUMONT-ACQUET, Ec., Sgrs de Haute-Porte, de la Vergne, d'Ozé, etc. — Cette famille a été maintenue dans sa noblesse en 1647, 1667, et le 5 février 1669.

De sable, à 3 seaux d'or et une croix d'argent en chef.

DUPLEX (François) , curé de Bonneuil (1698) .

Fuselé d'or et de gueules, à une jumelle de sable.

DUPLEX (N.) , veuve de N. Regnault, greffier des rôles, à Châtellerault (1698) .

D'argent, à une bande de sable cotoyée de deux cotices de même.

DUPLEX (N.) , curé de Dangé (1698) .

De sable, à un chevron d'or, accompagné de 3 molettes de même.

DUPUY, Ec., Sgrs de la Bardonnière, Beauchamp, la Brouaudière, etc. — Cette famille a été maintenue dans sa noblesse le 10 décembre 1667.

La branche de la Bardonnière porte :

D'argent, au puits de sable, accosté de 2 serpents de sinople affrontés et buvant de l'eau.

Les autres branches :

D'azur, à 3 chevrons d'or.

DURAND (François), greffier des rôles de la paroisse de St-Gervais (1 98).

Pallé d'or et de gueules, de 6 pièces, à une enclume de sable brochant sur le tout.

ELBÈNE (d'), barons des Ormes-Saint-Martin. — Famille originaire de Florence et dont l'existence est connue dès 1377.

D'azur, à 2 bâtons fleurdelisés, posés en sautoir, d'argent.

ENCLOITRE (Le couvent des religieuses de l') , ordre de Fontevrault.

D'azur, à une Notre-Dame d'argent, avec cette inscription : « N. D. de l'Encloître de Gironde . »

ESCHALLARD, Ec., Sgrs de Chaligné, de la Tour-d'Oiré et de la Boulaie. — Famille des plus anciennes du Poitou. Elle a été maintenue dans sa noblesse le 18 août 1667.

D'azur, au chevron d'or.

ESCOUBLEAU (d'), Chev., Sgrs de la Roulière, de la Bruère, la Rocheravaut, etc.
L'origine de cette maison remonte au treizième siècle.

Parti d'azur et de gueules, à la bande d'or brochant sur le tout.

ESGRET, Chev., Sgrs des Ormes-Saint-Martin. — Famille originaire du Poitou.

D'azur, à trois aigrettes d'argent, 2. 1.

ESPRONNIÈRE (de l'), Chev., Sgrs de la Saulaie, la Touche, la Salinière, etc. — Famille très-ancienne et originaire du Poitou. Elle a été confirmée dans sa noblesse en 1663 et 1667.

D'hermines, fretté de gueules de 6 pièces.

FALLAISEAU (N. de), dame de la Boulinière, veuve de N. de Bruce (1700).

D'argent, à un sautoir d'azur, au chef de même, chargé à dextre d'une étoile d'or.

FAUCON (N.), greffier aux criées, à Châtellerault (1700).

D'argent, à 3 fasces de gueules.

FAUCON (N.), avocat au siège royal de Châtellerault (1700).

Fascé d'argent et de gueules de 6 pièces.

FAUCON (N.), greffier des rôles, à Châtellerault (1700).

De gueules, à 3 trèfles d'argent, 2, 1.

FAVEREAU (René), greffier des rôles de la paroisse de Cesson (1700).

De sinople à 3 fauvettes d'or, en fasce.

FAVEREAU, Ec., Sgrs de Doussay, Chizé, la Gatrie, etc.

D'azur, au chevron d'or, accompagné de 3 coquilles d'argent.

FAY DE PEYRAUD (de), Chev., marquis de la Chèze, Sgrs de Candé et d'Avanton. — Cette famille a fourni un évêque de Poitiers, Jean de Fay, mort en 1578. Un de ses membres comparut, en 1789, à l'assemblée de la noblesse du Poitou.

De gueules, à la bande d'or, chargée d'une fouine d'azur.

FEROU (de), Chev., Sgrs de la Chasseigne, Mondion, l'Escotière, etc. — Cette famille a été maintenue dans sa noblesse en 1667.

D'azur, à 2 chevrons brisés, d'argent.

FEUDRIX, Chev., Sgrs de Bréquigny, Miré, la Chevalerie, etc. — Louis-Georges-Oudard Feudrix comparut, en 1789, à l'assemblée de la noblesse du Poitou.

D'azur, au chevron d'or, accompagné de 3 gerbes de seigle de même.

FLAVEAU (de), Ec., Sgrs de Boisgarnault, la Rau-

dière, la Gérarderie, barons de Flaveau. — Famille originaire des environs de la Rochepozay.

D'azur, à trois coquilles de pélerin, d'or.

FLEURÉ (Pierre-Philippe de) , vers 1700.

D'azur, à un chevron d'or accompagné de 3 besans de même.

FLEURIAU (François) , marchand à Châtellerault (1698).

D'azur, à 3 glands d'or.

FLEURIAU (Pierre) , marchand, à Châtellerault (1698).

D'azur, à une croix d'or.

FOU (du) , Chev., Sgrs du Vigean. — Cette famille a donné un sénéchal du Poitou, Jacques du Fou, vivant en 1474.

D'azur, à une fleur de lis d'or et deux éperviers affrontés, d'argent, becqués et membrés d'or.

FOUCAUDIÈRE (Le couvent des Pères de la) , au dix-septième siècle.

D'or, à un Saint-Antoine de carnation, vêtu de sable.

FOUGÈRE (de) , Ec., Sgrs des Essarts, au dix-septième siècle.

D'argent, à 3 tourteaux de gueules.

FOURNIER, Ec., Sgrs de Buxeuil (XVᵉ siècle).

D'azur à la bande engrêlée, d'or, et accostée de 2 étoiles d'argent.

FRADIN (François) , greffier des rôles de la paroisse de Leigné-les-Bois (1698) .

D'argent à une épée haute, de gueules, la garde et la poignée d'or.

FRANÇOIS, Ec., Sgrs du Port. — Cette famille a été maintenue dans sa noblesse en 1667.

D'azur, à la fasce d'or et 3 étoiles de même en chef et un croissant montant, d'argent, en pointe.

FREMOND, conseiller du roi en l'élection de Châtellerault (1700) .

D'argent, à un chevron d'azur accompagné de 3 épis de froment de même.

FRÈRE DE LA COINDRIE (Ambroise) , greffier des rôles à Châtellerault (1700) .

De gueules, à un chevron d'argent, accompagné de 3 roses de même.

FRESMIN (N.) , Sgr des Vernières, bourgeois de Châtellerault (1698) .

D'or, à 5 glands d'azur mis en croix.

FROMAGET (N.) , avocat à Châtellerault (1698) .

D'azur, à une rose d'argent.

FROMAGET (N.) , Sgr du Clos, orfèvre à Châtellerault (1698) .

D'or, à un tourteau de gueules, accosté de 2 épis de froment de même.

FROTTIER, Chev., marquis de la Messelière, barons de Preuilly, vicomtes de Montbast, Sgrs de Thuré, d'Ingrandes, de Quéaux, de Chamousseaux, etc. — Famille très-ancienne, originaire du Languedoc et qui s'est établie en Poitou et en Touraine. Parmi ses alliances on remarque les familles de Billy, Taveau de Morthemer, d'Amboise, de Polignac, de Marans, de Voyer d'Argenson, de la Rochefoucaud, de Brilhac, de Ferrières, Jourdain de Crissé, de Faudoas, Baude de la Vieuville, de Marconnay, de Mesgrigny, de St-Georges de Vérac, de St-Simon, de Courtomer, Haxo, de Digoine, Jard-Panvilliers, Hiemart de la Charmoye, Baret de Rouvray, etc.

D'argent, au pal de gueules, accosté de dix losanges de même, 5 à dextre et 5 à senestre, posés 2, 2, 1.

FUMÉE, Chev., Sgrs de Jaunay, Chincé, la Vacherie, barons de la Boutelaye. — Famille originaire de l'Anjou. Trois de ses membres furent lieutenants-généraux en la sénéchaussée de Châtellerault.

D'argent, à 6 losanges de sable, 3, 2 1.

GABORIT, Ec., Sgrs de Montjou, la Brosse, la Thibaudière, etc. — Cette famille a été maintenue dans sa noblesse en 1668.

D'azur, à 3 têtes de lion, d'or, 2, 1, un croissant d'argent en cœur et une étoile d'or en chef.

GAIN (de), Chev, Sgrs de Remeneuil, la Gouronnerie, Fontenelle, etc. — Cette famille a été maintenue dans sa noblesse le 26 décembre 1667.

D'azur, à 3 bandes d'or.

GAINARD (René) , notaire à Availles (1700) .

D'or, à une bande de gueules, chargée de trois merlettes d'argent.

GANNES (de) , Ec., Sgrs de Falaise, Rhonne, Remeneuil, la Coutardière, etc. — Cette famille a été maintenue dans sa noblesse en 1667.

D'argent, à 8 mouchetures d'hermines de sable, 4, 3, 1.

GAUTIER (Jean) , marchand à Ouzilly (1700) .

De sable, à une grue d'argent.

GAUTIER (François) , greffier des rôles, à Marigny-Brizay (1700) .

De gueules,à une bande d'argent, dentelée d'azur.

GAUTRON DE LA BASTE (N.) , procureur à Châtellerault (1700) .

De gueules, à 3 bandes d'argent.

GAUTRON DE LA BASTE (N.) , veuve de N. Pichereau, garde-marteau des eaux et forêts, à Châtellerault (1700) .

D'argent, à un pal d'azur, accosté de 2 aigles de sable.

CAUVAIN, Sgrs de la Boutelaie.

D'azur, au triangle d'or, accompagné de 3 molettes de même.

GEBERT (de) , Ec., Sgrs de Pont, Preugny, Chatres, etc. — Cette famille a comparu à l'assemblée de la noblesse du Poitou, en 1789.

Ecartelé, aux 1 et 4 d'azur, à la fleur de lis d'or ; aux 2 et 3 d'argent, à trois roses de gueules.

GEORGE (Michel) , curé de St-Jean-Baptiste de Châtellerault (1698) .

De gueules, à 2 bandes d'argent, chargées chacune d'une molette de sable.

GILLIER, Chev., Sgrs de Puygarreau, marquis de Marmande, barons de Sigournay, etc. — Famille connue dès le quatorzième siècle. Elle a été maintenue dans sa noblesse en 1667. Parmi ses alliances on remarque les familles de la Rochefoucaud, d'Orfeuille, de Taunay, Gombault de Méré, de Puytesson, de Ponthieu, Bouchard d'Aubeterre, de Parthenay, de Vivonne, Aubéry, d'Aitz, de Crevant, de la Chesnaye, de Bueil, de Laval, Chabot de St-Gelais, de Montmorency-Luxembourg, de Croizilles, etc.

D'or, au chevron d'azur, accompagné de 3 macles de gueules.

GIRARD (N.) marchand à Saint-Romain-sur-Vienne (1698.)

D'argent, à 3 écussons gironnés d'or et de sable.

GIRAULT (N.) , avocat à Châtellerault (1698.)

D'argent, à un chef gironné d'or et de gueules.

GIRONDE (de) , comtes de Buron, Sgrs de Buxeuil et de la Chèze-St-Remy. — Famille originaire de l'Auvergne. Elle a été maintenue dans sa noblesse les 29 mars 1624, 18 mai 1635 et 7 août 1666.

D'or, à 3 hirondelles de sable, deux en fasce, se regardant, et une déployée, en pointe.

GOBERT (N.) , Sgrs de la Bonnelière, vers 1700.

D'argent, à une bande de gueules.

GOMBAULT, Ec., Sgrs de Méré, au dix-septième siècle. Cette famille a été maintenue dans sa noblesse en 1666.

D'azur, à 6 pals d'or.

GOUDON, Ec., Sgrs de la Lande, de l'Héraudière, de la Vandelle, etc. — Cette famille a été maintenue dans sa noblesse le 18 juin 1715. Parmi ses alliances on remarque les familles de la Vigne, de Blom, de la Forest, de Maillasson, de Mauvise, l'Admirault, de Monterban, Augier de Moussac, Taveau de la Ferandière, Bichier des Ages, Marreau de la Bonnetière, etc.

De gueules, au cœur d'or, sommé d'une fleur de lis d'argent, et 5 étoiles d'or en chef posées en orle.

GOULLARD (de) , Chev., Sgrs de la Vergne-Beauvais, la Geffardière, la Grange-Montpensier, Beauvais, marquis de Vervans, barons de Rochereau et de la Faye, etc. — Famille connue dès le treizième siècle. Elle a été maintenue da sa noblese en 1635, 1667, 1668 et 1715. Parmi ses alliances on remarque les familles de Hennezel, de Ste-Maure, de Dercé, de Charay, de Parthenay, de Tusseau, Brochard de la Rochebrochard, de Savignac, de Bremond d'Ars, de la Béraudière, de Pontbriand, de Messac, de Gassion, de Cambray, de Becdelièvre, etc.

D'azur, au lion rampant, d'or, armé, lampassé et couronné de gueules.

GOUTIÈRE (Claude) , le jeune, procureur au siège royal de Châtellerault (1698) .

D'azur, à une gouttière d'argent mise en fasce.

GRAILLY (de) , Chev., Sgrs du Plessis, Buxeuil Fredilly, etc.

D'or, à une croix fichée, de sable, chargée de cinq coquilles d'argent.

GRÉAULME (de) , Chev,, comtes de Gréaulme, Sgrs de la Goronnière, la Tour-Légat, la Cliette, Chantejau, etc. — Famille de très-ancienne noblesse et originaire d'Ecosse. Elle a été maintenue dans sa noblesse les 17 avril 1599 et 12 août 1667.

D'argent, à une grue, de sable, armée d'or, posée au milieu de l'écu ; au chef de sable chargé de 3 coquilles d'argent.

GROING (le) , Chev., vicomtes de la Mothe-au-Groing et Sgrs de la Trompaudière. — La filiation suivie de cette famille remonte à Jean le Groing, chevalier, vivant en 1331.

D'argent, à 3 têtes de lion arrachées et couronnées de gueules, au croissant montant, de sable, en abîme.

GROLIER (Pierre) , greffier des rôles, à Châtellerault (1698.)

De gueules, à 3 besans d'argent, 2, 1.

GROUSSÉ DE LA TOUCHE (N.) , greffier des dépôts à Châtelleraui̇t (1698) .

De gueules, à 3 quintefeuilles d'argent, 2, 1.

GUENAND (de) , Chev., Sgrs de la Charnais, des Bordes, Beauregard, etc. — Famille des plus anciennes de France.

D'or, à 5 losanges de gueules posées en fasce.

GUERARD (N.) , commissaire expert juré, à Châtellerault (1698.)

De gueules, à une tour d'argent.

GUIGNARD (N.) , curé de Thuré (1698) .

D'azur, à une trangle d'or accompagnée en pointe de deux plumes d'argent posées en sautoir.

GUILLEMOT (N.) , contrôleur de la marque d'étain, à Châtellerault (1698) .

D'argent, à une bande d'azur.

GUILLEMOT DE LESPINASSE, Chev., Sgrs de Beauregard, de l'Espinasse, du Coudray, etc. — Cette famille a été maintenue dans sa noblesse le 26 septembre 1667. Un de ses membres a comparu à l'assemblée de la noblesse du Poitou, en 1789.

De gueules, à 3 molettes d'éperon d'argent, 2, 1.

GUILLON DE ROCHECOT. marquis de Rochecot, Sgrs de Colombiers Boisé, Milly, etc. — Par lettres patentes de janvier 1767, la terre de Rochecot et autres furent érigées en marquisat pour Fortuné Guillon.

D'azur, à un agneau pascal, passant, d'or, avec sa croix de même, ornée d'une banderolle de gueules, accompagné de 2 étoiles d'or en chef.

GUIONNE (Esther) , veuve de N. de Massougne, Ec., Sgr des Clouriers (1698) .

D'azur à 3 fasces d'argent.

GUIOT, Ec., Sgrs de la Rocherre, de l'Étang, du Rivaud, etc. — Cette famille s'est alliée aux de Lage, du Cleret, de Taveau, de Lassat, de Vallin du Porteau, de la Faye, de Baslon, Perot de Champagné, du Theil, de Tisseuil, du Cérier, etc.

D'or, à 3 perroquets de sinople, becqués, membrés et colletés de gueules.

GUITEL (Ambroise) , fermier de la Fontaine-d'Angé (1698) .

De sable, tranché d'argent, à une guitare d'or brochant sur le tout.

GUYOT (du) , Ec., Sgrs de la Voute. — Cette famille a été maintenue dans sa noblesse en 1667.

D'azur, à un écu d'argent posé en abîme, accompagné de 3 têtes de brochets, d'argent, 2, 1.

HAREMBURE (d') , Chev., Sgrs de Buxeuil, Granges, Romefort, etc; barons d'Harembure. Famille originaire de la Basse-Navarre. Elle a donné un lieutenant-général des armées du roi, Louis-François-Alexandre, baron d'Harembure, (1789) .

D'or, à l'arbre de sinople, sur le fût duquel s'appuie un ours, en pied, de sable ; à la bordure de gueules, chargée de huit flanchis d'or.

HESNIN (Pierre) , marchand-bourgeois à Châtellerault (1698) .

·De gueules, à une rose d'or accompagnée en chef de deux molettes de même.

HUBERT (N.) , avocat à Châtellerault (1698) .

·D'azur, à un sautoir d'or.

HUBERT (N.) , chanoine de Notre-Dame de Châtellerault (1698) .

De sinople, à trois huppes d'argent, 2, 1.

ILE-OGIER (de l') , Chev., Sgrs du Pin, au quatorzième siècle. — Famille originaire de l'Ile-Bouchard.

De gueules, à 3 léopards d'or.

ISORÉ, Chev., marquis de Plumartin, Sgrs de Remeneuil, Boisgarnault, la Rochepozay, Jarry, etc. — En janvier 1652, la terre de Plumartin fut érigée en marquisat pour René Isoré d'Hervault.
Cette famille a donné un chevalier croisé, Pierre Isoré (1248) . Un de ses membres a comparu à l'assemblée de la noblesse du Poitou, en 1789.

D'argent, à 2 fasces d'azur.

JAHAN (N.) , veuve de N. Bricheteau, greffier des rôles à Châtellerault (1698) .

De sinople, à un cygne d'argent becqué et membré d'or.

JAHAN (N.) , notaire à St-Christophe (1698.)
De sable, à un chevron pallé d'or et d'azur de 8 pièces.

JAUMIER, Ec., Sgrs de la Barbelinière (1698) .

D'azur, à un soleil d'or accosté de 2 palmes de même.

JOUBERT, Ec., Sgrs de Marsay, du Puy-de-Marigny, Montfaulcon, la Touche, la Mailletrie, etc. — Famille de très-ancienne origine. Elle a été maintenue dans sa noblesse le 11 mai 1624 et le 21 septembre 16 7. Parmi ses alliances on remarque les familles de la Chaussée, Odart, Villeneuve, de Crouail, du Bouchet, de l'Hommedé, de Martel, de Champigné, Babinet de Puychévrier, Jouslard, Roatin du Temple, de St-Garreau, Vigier, de Laurière, etc.

De gueules, à 3 tours d'or, maçonnées de sable.

JOUBERT (N.), lieutenant de milice bourgeoise à Châtellerault (1698).

D'azur, à 6 besans d'or, 3, 2, 1.

JOUBERT (N.), curé d'Ouzillé (1698).

D'or, à une rose d'azur, accompagnée en chef de 2 étoiles de gueules.

JOURDAIN (N.), curé de St-Ustre (1698).

D'argent, à un loup passant, de sable.

JOUVENELLE (N.), marchand, à Saint-Gervais (1698).

De gueules, à un pal d'or accosté de 2 aiglons d'argent.

JOYRIE (de la), Ec. — Cette famille a été maintenue dans sa noblesse le 26 septembre 1667.

D'azur, à une tour d'argent, maçonnée de sable et castellée de 3 pièces ; à 2 étoiles d'or en chef.

JUSTEAU (N.), chirurgien à Châtellerault (1698).

D'azur, à une règle d'argent, surmontée d'un compas d'or.

LA BARRE (Scholastique de) , femme de N. du Trochet, Ec. (1700) .

D'or, à une barre de sable.

LA BARRE (N. de) , chirurgien royal à Châtellerault (1700) .

Losangé d'argent et de sable.

LA BERAUDIÈRE (de) , marquis de Rouhet et de l'Ile-Jourdain, Sgrs de Maumusson, Melay, Bouzillé, Beligné, etc. — Famille connue dès le douzième siècle. Elle a donné un chevalier croisé (1191) . Parmi ses alliances on remarque les familles de Chasteigner, Frottier, Taveau de Morthemer, de Nuchèze, de Serpillon, de Pierres, de Combarel, Barthon de Montbas, de Tournemine, de la Guiche, de Madaillan, du Fou, de Lévis, Bonnin de Messignac, Davy de la Fautrière, de Colasseau, Gilles de Fontenailles, de Rechignevoisin, etc.

François de la Beraudière, marquis de l'Ile–Jourdain et de Rouhet fut gouverneur du duché de Châtellerault vers 1587.

Ecartelé, aux 1 et 4 d'azur à la croix fourchée, d'argent ; aux 2 et 3 d'or, à l'aigle éployée, de gueules, armée, becquée et couronnée de sinople.

LA BOURDONNAYE (Charles-Esprit-Marie de) , Sgr du marquisat de Puygarreau et de la baronnie de Luains, comparut, en 1789, à l'assemblée de la noblesse de la sénéchaussée de Châtellerault.

De gueules, à 3 bourdons d'argent.

LA BUSSIÈRE (de) , Ec., Sgrs du Chillou, la Guer-
nalière, Bois-des-Perches, etc. — Cette famille a été confirmée dans sa noblesse les 3 juillet 1634, 25 mars 1665,
27 septembre 1667, 10 octobre 1668 et 6 janvier 1716.
Plusieurs de ses membres ont comparu à l'assemblée de la
noblesse du Poitou, en 1789.

D'azur, à la bande d'argent, accompagnée de 2 vols d'éper-
vier, de même, en barre, et de 2 molettes d'éperon, d'or.

LA CHESNAYE DES PINS (de) , Chev., Sgrs des
Pins, la Ripaudière, Launay, Gouronnière, du Gué, etc.
— Famille originaire de l'Anjou. Ses maintenues de noblesse datent des 15 juin 1634, 20 juillet 1666 et 21 mai
1669. Elle s'est alliée aux familles de Millet de la Renne-
rie, d'Orvau, Scollin, de Sanglier, André de la Messardière, du Bec, de Marcirion, de Gréaulme, de Menou, de
Sanzay, Gaborit de la Brosse, de Mauléon, de Brusse, de
la Loge de St-Brisson, de Souvigné, de Vasselot, etc. Elle
a comparu à l'assemblée de la noblesse du Poitou, en
1789.

D'argent, à 3 chevrons de sable.

LAFAIRE (de) , Chev., comtes de Lafaire, Sgrs de
Pont, la Ligerie, Vauzelle, Château-Guillaume, etc. —
Maison d'ancienne noblesse. Elle s'est alliée aux famil-
les de Pont, de la Brosse, de Fénix, de Villiers, de la
Chatre, de Savary, de Boislinards, Le François des Cour-
tils, Descollards, de Vauchaussade, etc.

Louis, comte de Lafaire, et Pierre-François de Lafaire
comparurent à l'assemblée de la noblesse du Poitou, en
1789.

De gueules, à une bande d'argent.

LA FAYE (Annet de) , greffier des rôles à Châtellerault (1698).

De gueules, à un cygne d'argent.

LA FOUCHARDIÈRE (Pierre de) , sénéchal de la
baronnie de la Touche-d'Avrigny (1700).

D'or, à une fourche de sable, emmanchée de gueules.

LA GARDE (Pierre de) , marchand à Orches,
(1698).

De sable, à une épée haute, d'or, la garde et la poignée de
gueules.

LAIGNÉ (N.) , doyen de Notre-Dame de Châtellerault
(1700).

De gueules, à une ligne de pêcheur, d'argent, mise en chevron et ayant un hameçon de sable.

LA JARRIÈRE (N. de) , femme de N. des Iles des
Loges, Ec., Sgr de Lars. (1698).

D'azur, à 3 coquilles d'or.

LA LANDE (de) , Sgrs de Beaumont, au quinzième
siècle.

D'or, au cornet de chasse, de sable ; au chef de gueules
chargé de 3 étoiles d'or soutenues d'une fasce de sable.

LAMBERTIE (de) , Sgrs du Bouchet et de la Fouge-
raie. — Cette famille résidait à St-Gervais au dix-septième siècle.

D'azur, à 3 chevrons d'or.

LA PUYE (la communauté de) , ordre de Fontevrault.

D'azur, à un Saint-Jean, d'argent.

LA ROCHE-CÉRY (de) , Ec., Sgrs de Buxeuil-sur-Creuse, la Groie, Bornais, Ingrandes, etc. — Louis-Charles de la Roche-Céry comparut, en 1789, à l'assemblée de la noblesse du Poitou.

D'argent, à un lion d'or, accosté de 3 fleurs de lis de même.

LA TOUCHE (de) , Ec., Sgrs de Beaulieu et de la Guitière. — Cette famille a été maintenue dans sa noblesse le 18 août 1667.

D'or, au lion de sable, couronné et armé de gueules.

LAURIOT (N.) procureur du roi en l'élection de Châtellerault. (1700) .

D'azur, à une fasce d'argent, chargée de 3 merlettes de sable.

LA VALLIÈRE (de) , Ec., Sgrs de l'Ardoise, au-dix-septième siècle.

D'argent, à une bande de sable remplie d'argent et chargée de 3 créneaux de gueules.

LAVAU (Marie de) , veuve de N. Beaupoil, bourgeois de Châtellerault (1700) .

D'or, à une rivière de sable.

LE BOSSU, Ec., Sgrs de Beaufort et des Fosses. — Cette famille a été maintenue dans sa noblesse le 24 août 1667.

D'or, à 3 têtes de Maure au naturel, bandées de gueules, ; à à la bordure de gueules.

LE BRUN, Ec., Sgrs des Landes. — Cette famille a été maintenue dans sa noblesse le 21 septembre 1667.

D'argent, à 3 chevrons de sable.

LE BRUN, Chev., Sgrs de la Brosse, la Messardière, la Gaschetière, etc. — René-Pierre-Hugues le Brun, Chev., Sgr de la Messardière, comparut, en 1789, à l'assemblée de la noblesse du Poitou.

D'argent, au chevron de gueules, accompagné de 3 merlettes de sable.

LE COCQ (N.) , avocat à Châtellerault (1698) .

De gueules, coupé d'or à un coq de l'un en l'autre.

LE COQ (Jacqueline) , femme de N. de la Touche, Ec, Sgr de St-Ustre.

De gueules, à un coq d'or.

LE FRANÇOIS DES COURTIS, Chev., marquis de la Groye, Sgrs de la Valette, des Courtis, Buxeuil-sur-Creuse, la Tour-Poquetière, Plessis-Guenand, Salais, etc. — Maison de très-ancienne noblesse, originaire du Piémont. Elle s'est divisée en deux branches, dites de la Groye et de la Valette. Elle a été maintenue dans sa noblesse le 8 juin 1617 et le 8 mai 1663. Plusieurs de ses membres ont comparu à l'assemblée de la noblesse du Poitou, en 1789.

Parmi ses alliances on remarque les familles de Grimaldi, princes de Monaco, de Couhé de Lusignan, de la Roche-Céry, de Bonnes-Lesdiguières, de Mousseaux, de Sahuguet d'Armazit d'Espagnac, Chapiteau de Remondias, de Barentin de Montchal, de Lamote-Baracé de Sennones, de la Roche-St-André, du Breuil-Hélion de la Guéronnière, Levieil de la Marsonnière, de Bonnault, du Mas de la Fougère, etc.

D'azur, à une tour d'argent chargée de 3 mouchetures d'hermines, de sable, 2, 1, accostée de deux fleurs de lis, d'argent, et soutenue d'une croisette de même.

LÉGIER, Ec., Sgrs de Puyraveau, la Roche, la Sauvagère, Leigné, etc. — Cette famille, dont la filiation suivie commence dans la seconde partie du quatorzième siècle, a été confirmée dans sa noblesse en 1489 et le 26 février 1715. Elle s'est alliée aux familles de Rougemont, de la Brosse, Claveurier, de Montléon, Cathus, de Hautefoy, du Plantys, Darrot de la Boutrochère, de Gennes, Gaborit de la Brosse, Jouslard du Vergnays, etc. — Pierre Légier de la Sauvagère fit ses preuves pour entrer dans l'ordre de Malte en 1580.

D'argent, à trois roses de gueules.

LEIGNAU (Esther) , femme de N. de Martre, Ec., Sgr de Dercé.

D'azur, à 3 têtes de léopards, d'or.

LELAY DE VILLEMARÉ, Chev. — Famille originaire de Bretagne.

D'argent, à une fasce d'azur, accompagnée en chef de 3 annelets de gueules, et en pointe d'une aigle de sable, éployée, becquée et membrée de gueules.

LE MAYE (N.) , curé de Vellèches (1693) .

De gueules, fretté de 6 épées d'argent.

LEMERYE (de), Sgrs de la Mouchedune, au dix-septième siècle.

D'or, à 3 arbres de sinople.

LE PICARD DE PHELIPPEAUX, Chev,, Sgrs de Bois-le-Roy, Fontenailles, la Brosse, etc. — Famille noble, connue dès 1324. Elle a été maintenue dans sa noblesse en 1667 et 1715. En 1789, elle a comparu à l'assemblée de la noblesse du Poitou.

D'azur, au lion grimpant, d'or, armé et lampassé de gueules.

LE ROY, Chev., Sgrs du Chillou et d'Avrigny.

D'argent, à la bande de gueules.

LESCOURT (de), Ec., Sgrs de Dercé. — Un des membres de cette famille a comparu à l'assemblée de la noblesse du Poitou en 1789.

Coticé d'or et d'azur.

LESPINEUX (N. de) , receveur du marquisat de Clairvaux (1700) .

D'azur, à une couronne d'épines, d'argent.

LESTANG (Christophe de) , notaire royal à Châtellerault (1700) .

De sinople, au chevron d'or.

LE VACHER, Ec., Sgrs de Marigny, au dix-septième siècle.

D'or, à 3 têtes de vaches, de gueules, posées de front, 2, 1.

LE VIEIL DE LA MARSONNIÈRE, Ec., Sgrs de la

Touche-Vaumoreau, Longuejoue, etc.

D'azur, à 3 hermines d'argent.

LEVRAULT, Ec., Sgrs de Naintré, la Maisonneuve, la Tour-d'Orches, la Citière, etc. — Cette famille a été maintenue dans sa noblesse en 1667.

D'argent, à la bande de gueules.

L'HERMITE, Chev., Sgrs de Mondion, Beauvais, la Rongerie, etc.

Ecartelé, aux 1 et 4 d'azur, à 3 gerbes d'or, liées de gueules ; aux 2 et 3 d'argent, à une tête de cerf, de sable, ramée d'or.

LHOMMEDÉE (N.) , curé de Fressineau (1698) .

De gueules, à une patène d'argent accompagnée en chef d'un croissant d'or.

LHUILLIER DE LA CHAPELLE, Ec., Sgrs de la Chapelle, la Gaudière, la Ragottière, etc. — Cette famille a été maintenue dans sa noblesse en 1683. Plusieurs de ses membres ont comparu à l'assemblée de la noblesse du Poitou en 1789.

D'azur, à 2 lions affrontés, d'or, lampassés de gueules et tenant une épée d'argent, en pal.

LIÈGE (N.) , notaire à Vaux (1700) .

De sable à 2 pals d'argent, au chef d'azur.

LIFFAULT (Antoine)) curé de Ponthumé (1700) .

De sable, à un épagneul d'argent, passant et accolé d'or.

LIGNAUD, Chev., marquis de Lussac, vicomtes de

Comblizy, barons de la Boutelaye, Sgrs de Buxeuil, des Courtils, de la Brosse, etc. — Famille de noblesse ancienne et toute militaire. Elle est originaire du Bas-Berry. Elle a été maintenue dans sa noblesse les 18 septembre 1669 et 31 décembre 1714.

Elle a comparu, en 1588, à l'assemblée de la noblesse du bailliage du Dorat, et, en 1789, à l'assemblée de la noblesse du Poitou.

D'argent, à 3 merlettes de sable.

LOMERON (de), Ec., Sgrs d'Aulnay, Maransais, la Pataudière, etc. — Cette maison, qui paraît être originaire du Poitou, s'est alliée aux familles de Loire, de Chergé, Sochet de Villeboire, Poulin de Monchy, d'Aloigny de Rochefort, Haward de Boisclair, etc.

D'or, à 3 fourmis de sable, 2, 1.

LORIOT DES CARTES.

De sinople, à une bande d'or.

LOUANT (N. de) , greffier de la maison de ville, à Châtellerault (1700) .

D'or, à 3 ancres de gueules.

LUCAS (N.) , femme de N. Dupuy, Ec., Sgr du Bourot, vers 1700.

D'argent, à un bœuf ailé, de gueules.

LUCAS, Ec., Sgrs de Varengeville, de Bresse et du Chatelet. — Cette famille a été maintenue dans sa noblesse le 20 décembre 1667.

François Lucas était lieutenant général à Châtellerault en 1618.

D'or, au taureau passant, de gueules, à 3 roses de même.

LUSIGNAN-SAINT-GELAIS (de), Chev., Sgrs de Lansac, Avrigny, Séligny, etc. — Famille issue de la maison de Lusignan. Elle a été maintenue dans sa noblesse en 1 69.

D'azur, à la croix alaisée, d'argent.

LUSSERON (Pierre), marchand bourgeois à Châtellerault (1698).

D'azur, à un chef d'argent chargé d'une étoile de gueules, accostée de 2 croissants de sinople.

MAILLÉ (de), Chev., Sgrs de Clairvaux. — Famille des plus anciennes de France.

D'or, à 3 fasces ondées, de gueules.

MAINGOT, Chev., Sgrs de Méré. — Famille connue dès le dixième siècle.

De gueules, fretté de vair.

MAISONNIÈRE (Jeanne), femme de N. Pidoux, Ec., Sgr du Verger.

De sable, à une maison d'or et une bordure de gueules.

MANGIN, Chev., Sgrs d'Ouince, Beauvais, la Ripaudière, etc. — Famille originaire de la Lorraine. Elle a été maintenue dans sa noblesse en 1678 et en 1715.

D'azur, à 2 croissants d'argent posés en fasce.

MARAFFIN, (de) , Chev., Sgrs du Vau. — L'origine de cette famille remonte au douzième siècle.

De gueules, à une bande d'or accompagnée de 6 étoiles de même, mises en orle.

MARANS (de) , Chev., barons des Ormes, Sgrs de St-Marc, Villiers, Vaugodin, etc. — Cette famille est connue dès le onzième siècle. Elle a été confirmée dans sa noblesse le 26 septembre 1667.

Plusieurs de ses membres ont comparu à l'assemblée de la noblesse du Poitou en 1789.

Fascé d'or et d'azur de 6 pièces ; contre-parti de même, au chef tiercé en pal, le premier et le troisième gironné, le deuxième pallé de 4 pièces, le tout d'or et d'azur et un écusson d'argent placé au milieu de l'écu.

MARÇON (Michel) , marchand bourgeois à Châtellerault (1698).

De sable, à une truelle d'argent, emmanchée de gueules.

MARCONNAY (de) , Chev., comtes de Marconnay, Sgrs de Colombiers, la Gatelinière, Availles, etc. — Famille d'origine chevaleresque et connue dès le onzième siècle.

Plusieurs fois elle a été confirmée dans sa noblesse, notamment en 1667, 1669 et 1730.

De gueules, à 3 pals de vair ; au chef d'or.

MARILLAC (de) , Ec., Sgrs de Buxeuil-sur-Creuse, au dix-septième siècle. — Famille originaire de l'Auvergne.

D'argent, maçonné de sable, rempli de 6 merlettes de même,

et un croissant de gueules posé en cœur.

MAROLLES (de) , Chev., Sgrs de St-Genest, Mal-
zange, etc, — Cette famille, originaire de Touraine, est
connue dès le douzième siècle. Elle a été confirmée dans
sa noblesse en 1667.

D'azur, à une épée d'argent, la poignée d'or, posée en pal,
la pointe en bas, entre deux pennes, d'argent, aussi posées en
pal.

MARQUET (Pierre) , marchand à Châtellerault,
(1700) .

D'azur, à une croix ancrée, d'or.

MARQUETS (des) , Ec., Sgrs de St-Martin, la Grol-
letière, la Brosse, etc.

D'azur, à la bande d'argent, accompagnée de deux croissants montants, d'or, un en chef, l'autre en pointe.

MARS (de) , Chev., barons de Coulombiers, — Cette
famille a été confirmée dans sa noblesse le 24 septembre
1667.

De gueules, fretté d'or, au chef échiqueté d'or et de gueules,
de trois traits.

MARSAY (N. de) , veuve de N. Mousnier de Monti-
gny, avocat à Châtellerault (1698) .

D'azur, à une croix d'argent, frettée de gueules.

MARTEL (de) , Chev., Sgrs de Tricon, Villeneuve,
Launay, etc. — Famille noble et ancienne. Elle a fourni
plusieurs membres à l'ordre de Malte. Elle a été confirmée

dans sa noblesse le 26 mars 1665 et le premier septembre 1667.

Parmi ses alliances on remarque les familles de Ferrières, de Lezay, d'Asnières, d'Aloigny, Taveau de Morthemer, d'Aux, de Thubert, de Fouquet, de Fouchier, de Landrepouste, des Herbiers, Grelier de Concize, de Laurent, de la Barre, etc.

Charles de Martel, Ec., Sgrs de la Marin, était gouverneur de Châtellerault en 1576.

D'or, à 3 marteaux de gueules.

MARTINEAU (Daniel) , marchand à Châtellerault, (1698).

D'azur, à un lion d'argent.

MARTINEAU (Isaac) , marchand, à Châtellerault, (1698).

De sable, à un sautoir d'argent.

MARTINEAU, Chev., barons de Thuré, Sgrs de Charnizay, du Roulet, etc. — Cette famille a été confirmée dans sa noblesse en 1667.

D'azur, à deux demi-vols d'argent, au chef d'or, chargé d'un croissant de sable.

MARTINET (Pierre), greffier des rôles à Châtellerault (1698).

De gueules, à 3 losanges d'argent, 2, 1.

MASPARAULT (de), Ec., Sgrs de Terrefort et de Buxeuil, au dix-septième siècle. — Cette famille a été maintenue dans sa noblesse en 1667.

D'argent, à un lion de gueules ; à la bordure d'or chargée de 8 tourteaux de gueules, ces tourteaux chargés eux-mêmes chacun d'une étoile d'argent.

MASSONNEAU (Florent) , Sgr de la Forge, conseiller du roi, assesseur criminel au siège de Châtellerault. (1698) .

D'argent, à 5 truelles de sable en sautoir.

MASSONNEAU (N.) , marchand à Châtellerault (1698) .

De gueules, à 3 étoiles d'argent, posées en bande.

MASSONNEAU DES VOLINIÈRES (N.) chirurgien royal à Châtellerault (1698) .

De sinople, à 3 léopards d'or.

MASSOUGNE (de) , Ec., Sgrs de la Sablière, Longeny, Villardy, la Guillonnière, etc. — Cette famille a été confirmée dans sa noblesse le 10 décembre 1667.

D'argent, à trois têtes de couleuvres languées, couronnées et arrachées d'azur, à 3 coquilles de sable, 2, 1.

MAULÉON (de) , Chev., Sgrs de la Roche-Amelon, Beaupré, la Jaunais, etc. — Cette famille a fourni deux chevaliers croisés (1220-1249) .

De gueules, au lion d'or.

MAUVISE (de) , Chev., Sgrs du Grand-Valençay, Tilloux, Lardillon, etc. — Famille noble, connue dès le quatorzième siècle. Elle a été maintenue dans sa noblesse les 22 mai 1634, 5 septembre 1667, 4 août 1669 et 11 mai 1715.

Parmi ses alliances on remarque les familles de Gréaulme, de la Porte du Theil, de Vaillant, de la Marche, de Couhé de Lusignan, de Thubert, de Gébert, Girard de Pindray, de Rochechouart, de la Besge, de Grailly, de la Chatre, de la Porte-Vezins, de la Marche, etc.

Deux de ses membres ont comparu à l'assemblée de la noblesse du Poitou en 1789.

D'argent, à la croix ancrée, de sable, accompagnée en chef de 2 croissants de gueules.

MEAUSSÉ (Marie de) , femme de N. de la Bussière, Ec., Sgr du Chillou (1700) .

D'argent, à un lion de gueules, fretté d'or, brochant sur le tout.

MENAUD (N.) , notaire royal à Châtellerault (1700.)

D'azur, à 3 coqs d'or becqués et membrés de gueules.

MERIGOT (N.) , notaire royal à Châtellerault) 1700.)

Pallé d'argent et de gueules de 6 pièces.

MESCHAIN (N.), greffier des rôles de la paroisse des Ormes-St-Martin (1698) .

D'azur, à un bout de mèche, d'or, mis en pal, allumé par les deux bouts, de gueules.

MESLAIN (Jean) , marchand bourgeois à Châtellerault (1698) .

D'argent, à une bordure d'azur, chargée de 7 roses d'or.

MESNARD (Isaac) , marchand à Châtellerault, vers 1698.

D'azur, à une croix endentée, d'or.

MESSEMÉ (de) , Chev., Sgrs du Cormier, de la Bize, St-Christophe, Charlée, etc. — Famille originaire du Poitou. Deux de ses membres ont comparu, en 1789, à l'assemblée de la noblesse de cette province.

De gueules, à 6 feuilles de pannes, d'or.

MEZIEUX (de) , famille résidant à Ceaux, au dix-septième siècle.

D'argent, à 3 chevrons d'or.

MIAULT (N.) , curé de St-Romain de Châtellerau't (1698) .

D'or, à un chevron de sable, accompagné en pointe d'un chat de même.

MILAN D'ASTIS (de) , Sgrs de Souleille et de la Sybíllière, au dix-huitième siècle.

D'azur, au chevron d'or, accompagné de deux étoiles d'argent et d'une tour crénelée de même en pointe.

MILLET (Claude) , notaire royal à Coulombiers (1698) .

De gueules, à un épi de millet, d'argent.

MITAULT (N.) , greffier des rôles à Châtellerault (1700) .

D'azur, à 3 demi-roses d'argent, 2, 1.

MITAULT DE LA LIGEVIE (N.) , avocat à Châtellerault, vers 1700.

D'azur, à une croix d'or.

MITAULT DE LA PAQUERIE (N.) , greffier des rôles à Châtellerault (1700) .

De sable, à 3 poissons d'or posés en fasce, l'un sur l'autre.

MITAULT DES CHAUSSÉES (1698) .

Coupé d'or et de sable, une mitre d'argent brochant sur le tout.

MONDION (de) , Chev., Sgrs de Falaise, Rhonne, Mépieds, Neuil, Chauvigny, etc. — Famille originaire de Savoie.

Elle a été maintenue dans sa noblesse les 21 mars 1631, 18 juillet 1634, 20 mars 1635 et 12 août 1715.

Parmi ses alliances on remarque les familles d'Aloigny, de Gannes, du Rivau, Le Bascle, de Marans, de Sassay, de Messemé, de Morineau, Chevalleau de Boisragon, Dujon, Bichier des Ages, de Manheim, de Beufvier, etc.

Deux de ses membres comparurent à l'assemblée de la noblesse du Poitou, en 1789.

D'argent, à 2 fasces de sable, accompagnées de 3 roses de gueules, rangées en chef.

MONTBEL (de) , Chev., comtes de Montbel, Sgrs de Travarzay, Méré, Cremeaux, ia Ménardiére. etc. — Famille originaire de Savoie.

Elle a donné un chevalier croisé, Philippe de Montbel (1090) .

En 1457, les terres d'Entremonts, de Montbel et autres furent érigées en comté, pour cette maison, par Louis, duc de Savoie.

Par lettres patentes d'avril 1770, la terre de Palluau, fut érigée en comté pour Réné-François de Monthel, sous-gouverneur des enfants de France, maréchal des camps et armées du roi.

D'or, au lion de sable, armé et lampassé de gueules ; à la bande componnée d'hermines et de gueules de 6 pièces, brochant sur le tout.

MONTS (des) , Ec., Sgrs de la Rintrie, la Coste, Torsay, la Chaume, etc. — Cette famille a été maintenue dans sa noblesse le 26 septembre 1667.

Pierre des Monts, Ec., était conseiller du roi, assesseur criminel au siège royal de Châtellerault vers 1700.

D'argent, à une bande de gueules chargée de 3 pattes de lion, d'or, accompagnée en chef d'une aigle à 2 têtes, d'azur, et en pointe de 3 mouchetures d'hermines, de sable, posées en bande.

MOREAU (François) , greffier alternatif des rôles de la paroisse de Prinçay (1698) .

De gueules, à un chevron d'argent, chargé de 2 têtes de Maure de sable, adossées.

MOSSON (de) , Ec., Sgrs de la Fouchardière et de Bois-Chillou. — Cette famille a été maintenue dans sa noblesse le 26 septembre 1667.

De gueules, à la fasce d'argent, accompagnée de 6 merlettes de même.

MOTTE (de la) , Chev., Sgrs de Montbrard, vers 1700.

D'azur, à 3 roses d'or, 2, 1.

MOURAUT, Ec., Sgrs de Cremille et de la Vacherie.

— Cette famille a donné un maire de Poitiers, Simon Mouraut (1429) .

D'azur, à 3 fasces d'argent, la première et la dernière char_gées de 3 billettes de gueules ; au chef de même.

MOUSNIER (Vincent) , curé de Targé, vers 1700.

D'or, à 2 meules de moulin, de gueules, posées l'une sur l'autre.

MOUSSEAUX (de) , Ec., Sgrs du Coudray, la Boute-laye, Marchelay, etc. — Cette famille a été maintenue dans sa noblesse par arrêt du Conseil d'état du 11 mai 1728.

D'azur, à un chevron d'argent, accompagné de 3 roses d'or en chef et d'un lion de même en pointe.

MOUSSY (de) , Chev., marquis de Moussy, Sgrs de la Lande, Marigny, la Valette, Pont d'Amboise, la Con-tour, etc. — Famille d'origine chevaleresque. Elle est connue dès le douzième siècle.

Elle a été maintenue plusieurs fois dans sa noblesse, notamment le 7 novembre 1584 et le 19 décembre 1667.

Parmi ses alliances on remarque les familles de Mor-taux, de la Châtre, de St-Georges, de la Touche-Marigny, de Rochechouart, de Barbezières, de Lezay-Lusignan, de Gourjault, Aymer de la Chevallerie, de la Béraudière, etc.

D'or, au chef de gueules, chargé d'un lion léopardé, d'ar-gent.

MOYNAULT (N.) curé de Chenevelles, vers 1700.

De sable, à un moineau d'or.

NEVEU (Antoine) , marchand bourgeois à Châtelle-rault (1700) .

De sable, à une bordure d'or, chargée de sept macles de gueules.

NORMAND, Sgrs du Mont (1700) .

D'azur, à 3 faux d'argent, 2, 1.

NUCHÈZE (de) , Chev., comtes de Nuchèze, Sgrs de Naintré, Brain, Baudiment, la Brosse, etc. — Famille connue dès le commencement du quatorzième siècle.

La terre de Brain, paroisse de Jaunay, fut érigée en comté, en 1637, pour Jean-Jacques de Nuchèze, baron des Francs.

Parmi les alliances de cette maison on remarque les familles de Gourjault, de Vaux, Thibault de la Carte, de Brizay, de Hodon, Courault de Rochevreuse, de Parthe-nay, Turpin de Crissé, Isoré d'Hervaut, Barthon de Mont-bas, Chauvelin, etc.

L'écu en bannière, de gueules à 9 molettes d'éperon, de 5 pointes, d'argent.

OCHER (N·) , notaire royal à Châtellerault (1698) .

D'or, à 2 lions, affrontés, d'azur.

ODART, Chev., marquis de Rilly, barons de Curzay, Sgrs de la Fuye, Vauguérin, Mons, Braslou, Sammar-çole, etc. — Famille originaire du Loudunois.

Aymery Odart fit partie de la huitième croisade, en 1272.

Cette maison a été confirmée dans sa noblesse le 26 août 1715.

D'or, à la croix de gueules, chargée de cinq coquilles d'argent.

OGERON, Ec. Sgrs de Ligron, du Coulombier, Crouzon, etc.

Cette famille s'est alliée aux de la Longraire, Leloys, du Verdier, Marillet de la Davière, Valette de Champfleury, Girard de Pindray, de Béchillon, Coulard de Soucy, de Jaudonnet, de Richeteau, etc.

D'azur, au cor de chasse d'or, avec son cordon ou baudrier, de gueules, accompagné de 3 macles d'argent, 2, 1.

OMBRES (des), Sgr de la Mothe-d'Usseau.

D'or, à 3 ombres de lion, de..., 2, 1.

ORFEUILLE (d'), Chev., marquis d'Orfeuille, Sgrs de la Guillotière, Foucaut, la Butterie, etc. — Famille d'ancienne chevalerie.

Un de ses membres, Hugues d'Orfeuille, prit part à la première croisade de saint Louis.

Cette maison a été confirmée dans sa noblesse le 22 août 1667.

En 1616, Pierre d'Orfeuille était lieutenant de roi à Châtellerault.

D'azur, à 3 feuilles de chêne, d'or.

ORILLARD (N.), Ec., Sgr de la Tour de Naintré, lieutenant de la maréchaussée de Châtellerault (1698).

D'or, à 2 oreilles de gueules, rangées en fasce.

OUTRELEAU (d'), Sgrs de Beaulieu.

De gueules, à 3 croissants montants, d'argent.

OUVRARD (N.) , commissaire expert juré, à Châtellerault (1700) .

De sinople, à une tour, d'argent.

PAILLÉ (François) , marchand à Availles (1698) .

De gueules, à une gerbe renversée, d'or.

PAPILLAUT (N.) , procureur au siège royal à Châtellerault (1698.)

De gueules, à un papillon d'argent,

PAPILLAUT (N.) , veuve de N. Hérault, marchand (1698) .

De gueules, à un vol d'argent.

PARIS (Gabrielle) , veuve de Louis Berthelot, Sgr de la Maison-Blanche (1698) .

De gueules, à un navire d'argent.

PARTHENAY (de) Ec., Sgrs d'Availles, au quinzième siècle.

D'argent, au sautoir de sable.

PELLETIER (N.) , commissaire des troupes, à Châtellerault (1698) .

D'or, à un écusson pallé d'argent et de gueules de 8 pièces.

PELLETIER (N.) avocat à Châtellerault (1698) .

Losangé d'or et d'azur.

PERRAT (du) , Sgrs de Maisonvieille. — Cette famille a été maintenue dans sa noblesse le 26 septembre 1667.

D'azur, à une tour d'argent maçonnée de sable.

PERUSSE DES CARS (de) , ducs des Cars, marquis de Montal, comtes de St-Bonnet, barons de Monthoiron, Sgrs de St-Germain-sur-Vienne, la Renaudie, la Roche-Abeille, etc.; Sgrs engagistes de Châtellerault. — Famille des plus anciennes et des plus illustres de France.

Sa filiation suivie commence par Aymery de Perusse, chevalier, vivant en 1027. Elle compte six chevaliers croisés.

En mars 1815, le titre de duc fut accordé à Jean-François de Perusse, lieutenant-général des armées du roi.

François-Nicolas-René de Perusse, comte des Cars, fut nommé député aux Etats généraux, en 1789, par la noblesse du Châtelleraudais.

De gueules, au pal de vair, appointé et renversé.

PETITJEAN (de) , Ec., Sgrs de Lignières, la Maulière, Eschigné, etc.

D'argent, à un bourdon de pélerin, d'azur, posé en pal.

PHELIPON (David) , marchand bourgeois à Châtellerault (1698) .

De gueules, à 5 coquilles d'or.

PHELIPPE (Marie) , veuve de N. de la Chatre, Ec., Sgr de la Rochebelusson (1700) .

D'azur, à un chevron d'or, accompagné de 3 roses de même, 2, 1.

PHILIPPE Ec., Sgrs de Lardonnière, au dix-septième siècle.

D'azur, à un chevron d'or, accompagné de 3 roses de même; accolé de gueules, à trois fleurs de lis d'argent.

PHILIPPON (N.), veuve de N. de Préau, marchand bourgeois à Châtellerault (1698).

D'or, à un cheval d'azur et un chef de même.

PICHEREAU (N.), veuve de N. Contancin de la Coutraye (1700).

De gueules, à un lion passant, d'or.

PIDOUX (Jeanne), femme de Louis Poitevin, Ec., Sgr de Boisdais et de Beauregard, vers 1700.

D'argent, à un pal de gueules,, accosté de deux pies affrontées, de sable.

PIDOUX, Ec,, Sgrs du Petit-Cenon, au dix-septième siècle.

D'argent, à 3 frettes de sable, 2, 1.

PIDOUX, Ec., Sgrs du Verger, Pouillé, Nesde, etc. — Réné Pidoux était lieutenant particulier à Châtellerault en 1707.

Cette famille a été confirmée dans sa noblesse les 10 et 31 décembre 1667.

D'argent, à 3 losanges frettées, de sable.

PIERRES (de), Chev., Sgrs de la Bouquière, Marigny, Epigny, Fontenailles, etc. — Famille connue dès le douzième siècle.

Elle a été maintenue dans sa noblesse le 26 septembre 1667.

Parmi ses alliances on remarque les familles de Marconnay, de Goullard, de la Rye, Claveurier, de Montléon, de Messemé, de Maulay, de Reffuge, Drouin, de Beauvau, de Fouchier, Scot de Coulanges, de Marsay, d'Harembure, de Nogerée, de Vedières, etc.

D'or, à la croix pattée et alaisée, de gueules.

PIGNONNEAU (de), Chev., Sgrs du Teil, de la Chapelle, des Bruères, de Mérancelle, de Boisgigon, Beaumarchais, etc.

Cette famille a été confirmée dans sa noblesse le 12 août 1667.

D'argent, à 5 fusées de gueules en fasce,

PINDRAY (de), Ec., Sgrs de la Touche et de Beaupuy.

Cette maison est connue dès le quatorzième siècle. Elle a été maintenue dans sa noblesse les 18 décembre 16 6, premier septembre 1667, 17 juillet 1698 et 24 novembre 1699.

En 1789, elle a comparu à l'assemblée de la noblesse du Poitou.

D'argent, au sautoir de gueules.

PIOGER (Pierre), marchand à Châtellerault, vers 1698.

De gueules, à 3 coquilles d'or.

PIOGER (Jean) , marchand à Châtellerault, vers 1698.

D'or, à une aigle de sable.

PLAISIR (N. du) , docteur en médecine à Châtellerault (1698) .

D'argent, à une bande de sinople.

PLESSIS (du) , Chev., ducs de Richelieu, Sgrs du Plessis, des Breux, la Vervolière, Thou, Beçay, Neuville, etc.

Cette maison, illustrée par le célèbre cardinal de Richelieu, est connue dès le treizième siècle.

D'argent à 3 chevrons de gueules.

POIRIER, Sgrs des Bournais, la Gilberderie, la Ripaudière, la Tour-de-Brou, la Cour de Germiny, la Fouquetière, etc. — Famille originaire du Poitou.

Parmi ses alliances on remarque les familles Drouin de Parçay, du Plessis, de Blet, de la Bouralière, Lenée, de Chailly, de Rougemont, Voisine de Lafresnaye, Gaultier, Tourneporte de Vontes. de Noiré, de la Mothe, etc.

D'argent, au chevron de sable, accompagné de 2 étoiles d'azur en chef et d'un poirier arraché, de sinople, fruité d'or, en pointe.

PONT (du) , Ec., Sgrs de Villemort et de la Rasillère. — Cette famille a été confirmée dans sa noblesse en 1667.

A cette époque elle résidait dans la paroisse de Leigné-les-Bois.

D'argent, au chef de gueules, chargé de 7 billettes d'or.

POREL, Ec., Sgrs de la Salle.

De gueules, à 3 barres d'or et un chef losangé d'argent et d'azur.

POUSSINEAU, Ec., Sgrs de Vendeuvre, l'Encloitre, Abain, la Millière, etc. — Cette famille a été confirmée dans sa noblesse le 31 août 1754.

En 1789, René de Poussineau comparut à l'assemblée de la noblesse du Poitou.

D'azur, à une fasce d'argent, accompagnée en chef d'un poussin d'or, becqué, crêté et membré de gueules, et en pointe d'un lion d'or rampant.

PREAU (David) , greffier alternatif des rôles à Châtellerault (1700.)

De gueules, à 3 plumes à écrire, d'or, 2, 1.

PREAU (N.) , l'aîné, greffier alternatif des rôles à Châtellerault (1700) .

D'azur, à une tour crénelée, couverte en dôme, d'argent.

PREAU (Nicolas) , marchand à Châtellerault (1700) .

D'azur, à 3 trèfles d'or.

PRESSAC (de) Sgrs du Repaire. — Cette famille résidait à St-Gervais au dix-septième siécle.

D'azur, au lion d'argent, lampassé et couronné d'or.

PRÉVILLE (de) , Chev., Sgrs de St-Laurent, Beauvais, la Roche, etc. — Cette famille a été maintenue dans sa noblesse en 1667.

D'argent, à la bande d'azur chargée de 3 annelets d'or.

PRÉVOST, Chev., marquis de Touchimbert, de la Vauzelle et de Traverzay, Sgrs de la Citière, Mondion, etc.

Cette famille a été plusieurs fois confirmée dans sa noblesse, notamment le 2 mars 1665, le 15 octobre 1666 et le 22 septembre 1667.

D'argent, à 2 fasces de sable accompagnées de 6 merlettes de même, 3, 2, 1.

PRUDHOMME, Ec., Sgrs des Lignes. — Cette famille a été confirmée dans sa noblesse le 26 septembre 1667.

De gueules, à 3 tours d'argent, maçonnées de sable.

PUSSORT (de), barons des Ormes-St-Martin, Sgrs de Mousseaux, du Pin, la Motte-au-Grouin, etc.

D'azur, au chevron d'or, accompagné en chef de 2 étoiles d'argent, et en pointe d'un croissant de même.

PUY (du), Chev., Sgrs de Buxeuil-sur-Creuse, au seizième siècle.

D'or, au lion d'azur, armé et couronné de gueules.

PUY (du), Ec., Sgrs du Bourot.

D'azur, à une bande d'or, accompagnée de 6 merlettes de même, en orle.

PUYGUYON (de), Chev., Sgrs de Puyguyon, Clussay, la Voute, la Tour d'Oiré, etc.

Famille connue dès le douzième siècle. Elle a été maintenue dans sa noblesse le 30 août 1667.

Parmi ses alliances on remarque les familles de Raco-
det, d'Appelvoisin, de St-Gelais, Le Bascle, Chabot, de
Conigham, de Brizay, de Montalembert, de Sanzay, de
Roffignac, de la Forest, etc.

D'or, à une tête de cheval effarouché, contournée, de sable.

RAFFIN, Ec., Sgrs d'Avrigny, au XVe siècle.

D'azur, à la fasce d'argent surmontée de 3 étoiles d'or, mises
en fasce.

RAGOT (N.), conseiller du roi, élu en l'élection de Châtellerault (1700).

De sable, à un chevron accompagné en chef de 3 étoiles, et
en pointe d'un croissant, le tout d'argent.

RAGUENEAU (N.) ,conseiller du roi, assesseur à la maréchaussée de Châtellerault (1700).

De sable, à une raquette d'or.

RAGUENEAU (N.) , greffier en chef de l'élection de Châtellerault (1700).

D'argent, à un chevron de sable.

RAGUIT (N.) , notaire royal à Châtellerault, vers 1700.

D'or, à une bande de sable.

RASSÉTEAU (N.) , avocat à Châtellerault, vers 1700.

De gueules, à une rivière d'argent, chargée de 2 rats de
sable.

RASSETEAU (N,), conseiller du roi aux eaux et forêts de Châtellerault (1700).

Parti d'or et d'azur, à nn roc de sable brochant sur le tout.

RAZILLY (de), Chev., marquis de Razilly, Sgrs de la Fuye, Launay, Beauchesne, etc.

De gueules, à 3 fleurs de lis d'or, 2, 1.

RECHIGNEVOISIN (de), Chev., marquis de Guron, Sgrs de Rechignevoisin, Buxeuil-sur-Creuse, Caunay, Gurat, Chenay, la Lande, etc. — Cette maison, illustrée par ses services militaires, est connue dès le treizième siècle.

Un de ses membres prit part à la première croisade du roi saint Louis.

Elle a été confirmée dans sa noblesse le premier septembre 1667.

De gueules à la fleur de lis d'argent.

REGNAUD (Laurent), greffier des rôles de la paroisse de St-Cyr (1698).

D'argent, à 3 bandes de sable, au chef de sinople.

REGNAULT DE LA FOUCHEIRE (N.), marchand à Châtellerault (1698).

D'hermines, à une fasce fuselée, de gueules.

REIGNER, Ec., Sgrs d'Availles. — Cette famille a été confirmée dans sa noblesse les 9 août, 9 et 24 septembre 1667 et 14 janvier 1 99.

Elle s'est alliée aux familles de Gourjault, de Montalembert, d'Albain, d'Anché, du Chillou, de la Voyerie,

Bellin de la Boutaudière, de Racodet, Aymer du Corniou, Aymer de la Motte, etc.

D'azur, à 3 coquilles d'argent, 2, 1.

REMIGIOUX (de), Ec., Sgrs de la Maitrie, Chezelles, la Fuye, de Nancré, du Breil, de Chanteloup, etc.

François de Remigioux comparut à l'assemblée de la noblesse du Poitou, en 1789.

D'azur, à 3 couleuvres d'argent, posées en pal.

REMOLARD (de), Ec., Sgrs de Château-Gonthier, Brezé, la Bretesche, etc.

De sable, à la fasce de 3 pièces, d'or.

RENAULT (N.), échevin à Châtellerault vers 1700.

D'or, à un ours, de sable.

RICHARD (N.), le jeune, à St-Genest, vers 1700.

D'or, à un écusson de sinople, chargé de 3 besans d'argent.

RICHARD, Ec., Sgrs de la Brumalière, au dix-septième siècle.

D'argent, à 3 roses de gueules, au chef d'azur, chargé d'une étoile d'or, accostée de 2 croissants d'argent.

RICHARD (N.), notaire à St-Genest, vers 1700.

D'or, à un écusson de sinople chargé de 3 besans d'argent.

RICHEREAU (N.), garde-marteau de la maîtrise des eaux et forêts, à Châtellerault (1698).

De gueules, à un pal d'hermines, accosté de 2 besans d'or.

RIMBAULT (Emery) , praticien à Sossay (1698) .

Fuselé d'or et de sinople, à un franc-quartier d'argent.

RIMBAULT (N.) , procureur à Châtellerault (1698)

D'or, à 3 pals de sinople.

RIQUET (N.) , conseiller du roi, en la maison de ville, à Châtellerault (1700) .

D'or, à une fasce échiquetée d'argent et d'azur de 3 traits.

RIVAU (du) , Ec., Sgrs de Bessé, de Luc et de Fourneuf, au dix-septième siècle.

De gueules, à la fasce fuselée, d'argent.

ROBIN, marquis de la Tremblaye, Sgrs de Mondion, d'Artigny, de Brenezé, de la Tardière, etc.

Cette famille, connue dès le treizième siécle, a été maintenue dans sa noblesse le 25 avril 1667.

Deux de ses membres ont comparu, en 1789, à l'assemblée de la noblesse du Poitou.

De gueules, à 2 clefs d'argent, posées en sautoir, cantonnées au canton du chef d'une coquille de même, et aux autres cantons, de 3 trèfles d'or, un dans chaque canton.

ROCHECHOUART (de) , Chev., ducs de Mortemart, comtes de Clermont, Sgrs de St-Germain-sur-Vienne.

Cette famille, originaire du Poitou, est une des plus anciennes et des plus illustres de France.

Fascé, ondé d'argent et de gueules, de 6 pièces,

ROFFAY (N.) , conseiller du roi, receveur des tailles en l'élection de Châtellerault, vers 1700.

D'azur, à un chevron d'or, accompagné en chef de trois étoiles, de même, et en pointe, d'un dauphin d'argent.

ROGIER, Chev., Sgrs de Marigny, Aloigny, Irais, Migné, la Tour-Girard, la Boutelaie, Vergnay, Rothemond, etc.

Cette famille, originaire du Poitou, est connue dès le douzième siècle.

Elle a été maintenue dans sa noblesse à diverses époques, notamment les 17 mars 1655, 25 février 1666, 13 août 1667, 16 décembre 1698 et 9 décembre 1714.
En 1789, elle a comparu à l'assemblée de la noblesse du Poitou.

Parmi ses alliances on remarque les familles de Farou, Palustre, d'Aguesseau, Fumée, Jouslard d'Ayron, de Marconnay, Rangot, d'Espinay, de Losse, Poussineau de Vendeuvre, de Savignac, Reveau de St-Varans, de Tusseau, de Leffe de Noue, Préveraud de Chambonneau, du Bellay, etc.

D'azur, à 3 roses d'or 2, 1.

ROUAULT (N.), veuve de N. Gaillard, greffier des rôles de la paroisse de Dangé, vers 1700.

De gueules, à une roue componnée d'argent et d'azur.

ROUSSEAU, Ec., Sgrs de la Parisière et d'Ivernay. — Cette famille a été maintenue dans sa noblesse en 1667.

D'azur, à deux matras d'or, posés en sautoir.

ROYER (N.), curé d'Ingrandes (1698).

D'or à une roue mi-partie de gueules et d'argent.

ROZEL (de) , Chev., Sgrs d'Aigremont, la Gasneraye,

Roncée-Neuf, Aunay, Verneuil, Terouane, etc.

Cette famille, de très-ancienne noblesse, est originaire du Dauphiné.

D'argent, à 3 roseaux au naturel rangés ; au chef endenté de gueules, chargé de 3 besans d'or aussi rangés.

RUELLES (Pierre des) , greffier des rôles de la paroisse de Chenevelles (1698) .

De sable, à 6 cotices d'or.

SAIN (Jean) , contrôleur des aides et tailles à Châtellerault (1593) .

D'azur, à la fasce d'argent, chargée d'une tête de Maure au naturel, tortillée d'argent, accompagnée de 3 coquilles d'or.

SAINT-DENIS-EN-VAUX (Le prieuré de) .

D'argent, à 7 tourteaux d'azur, 2, 3, 2.

SAINT-GEORGE (de) , Chev., marquis de Couhé-Vérac, Sgrs de Ceaux, Marsay, Availles, Genouillé, Vauzelles, Champigny-le-Sec, etc.

Cette famille, dont l'origine remonte au onzième siècle, a été maintenue dans sa noblesse le 10 septembre 1667.

En 1662, la terre de Couhé-Vérac fut érigée en marquisat pour Olivier de St-George.

Parmi les alliances de cette maison on remarque les familles de Rochechouart, d'Aubusson, de Graçay, d'Ussel, de Fougières, de Crémaux, d'Entragues d'Amauzé, de Lévy, de Mortemer, de Chabannais, d'Oyron, du Fou, de Loubes, de Gourjault, de Vintimille, Frotier, de Céris, de Noailles, de Croy-d'Havré, de Laage, Patrix de Boischapelle, etc.

D'argent, à la croix de gueules.

SAINT-MARS (de), Ec., Sgrs de Saint-Mars, au dix-, septième siècle.

Barré et contre-barré d'or et d'azur de 6 piéces, et un franc-canton d'argent.

SAINTE-MAURE, (de), Chev., barons de Ste-Maure-Sgrs de St-Romain, Vellèches, Charentilly, etc.

Cette famille, issue de la maison de Loudun, porta tan-tôt le nom de Pressigny, tantôt celui de Ste-Maure.

D'argent à une fasce de gueules.

SAINTON (Antoine), greffier des rôles de la paroisse de Remeneuil (1700) .

De gueules, à un crapaud d'or.

SAINTON (Adrien) , marchand à Châtellerault, vers 1700.

D'azur, à un griffon d'or.

SAINTON (N.) l'aîné, marchand, à Châtellerault, vers 1700.

D'argent, à 3 têtes de loup, de sable, 2, 1.

SAINT-PÈRE (de), Chev., Sgrs de Méré-le-Gaul-lier, au seizième siècle.

Au quatorzième siècle, cette famille possédait plusieurs terres importantes en Touraine.

D'argent, à une croix de sable vairée d'argent et cantonnée de 4 renards, de gueules.

SAINT-QUENTIN (Marie de) , femme de N. Aymer,

Ec., Sgrs de Montaigu, vers 1700.

D'argent, à un lion de gueules et une bordure componnée d'or et de sinople.

SALVERT (de) , Ec., Sgr de la Tapisserie et des Frelonnières.

Cette famille a été maintenue dans sa noblesse le 10 août 1669.

D'azur, à un chevron d'or, accompagné de 3 étoiles de même.

SANXON-HUART (N.) , chirurgien royal à Châtellerault, vers 1709.

D'or, à 2 loups de sable passant l'un sur l'autre.

SANZAY (de) , Chev., comtes de Sanzay, Sgrs de Besse, Beaurepaire, Bois-Ferrand, Breuil-Mirault, etc.

Cette famille, connue dès le dixième siècle, a fourni un chevalier croisé.

Elle a été maintenue dans sa noblesse le 7 septembre 1667.

D'argent, à la tour maçonnée de sable, crénelée de 5 pièces, élevée sur une terrasse de sinople, deux étoiles du second en chef.

SAULX (de) , comtes de Tavannes, Sgrs de Méré-le-Gaullier au dix-septième siècle.

Cette maison, très-ancienne est originaire de la Bourgogne.

Entre autres illustrations elle a donné un maréchal de France et un cardinal-archevêque de Rouen.

D'azur, au lion d'or, lampassé et couronné de gueules.

SAVARY, Chev., marquis de Lancosme, Sgrs de Méré-
le Gaullier au quinzième siècle.

Cette famille, une des plus anciennes de France a donné
un chevalier croisé.

Par lettres patentes du mois de février 1631, la terre de
Lancosme fut érigée en baronnie pour Antoine Savary.

Des lettres patentes, du mois de juin 1738, érigèrent
cette baronnie en marquisat en faveur de Louis-François-
Alexandre Savary, capitaine de grenadiers au régiment de
Richelieu.

Parmi les alliances de cette maison on remarque les familles de Montsoreau, de Vendôme, de Maillé, d'Anthe-
naise, de Maulévrier, de Craon, de Daillon du Lude, de
Villequier, Pot de Rhodes, Olivier de Leuville, de Cou-
tances, de Préaux, Barjot de Roncée, de Cugnac de Dam-
pierre, de la Bourdonnaye, de Clermont-Tonnerre, de
Coislin, de Menou, etc.

Ecartelé d'argent et de sable.

SAVIGNÉ (N. de), avocat à Châtellerault (1700).

D'azur, à un chiffre d'or composé des lettres A S et D en-
trelacées.

SAZILLY (de), Chev., Sgrs de Saintré, de Longuée,
Moyers, etc.

Au dix-septième siècle cette famille résidait dans la
paroisse d'Orches.

D'azur, à 2 léopards de sable lampassés et armés de gueules.

SCOURION (de), Chev., Sgrs de Bellefonds, Her-
vaux, la Martinière, etc.

Cette famille, d'ancienne noblesse, est originaire de la
Picardie.

En 1789, François de Scourion, Sgr de Bellefonds, officier au régiment de Royal-marine, comparut à l'assemblée de la noblesse du Poitou.

D'azur, à 3 gerbes d'or, 2, 1.

SEIGNY (de), Ec., Sgrs de la Pleigne, de St-Philbert, etc.

Cette famille résidait à Marigny-Brizay au dix-septième siècle. Elle a été confirmée dans sa noblesse le 26 septembre 1667.

D'argent, à la fasce fuselée de gueules de 7 pièces.

SIGNY (de), Ec., Sgrs de Vangely.

De gueules, à 5 fusées d'argent en fasce.

SIMON (N.), Sgrs de Beauchêne, capitaine au régiment d'Angoumois vers 1700.

De gueules, à un chevron d'or, accompagné de 3 écritoires de même.

SONNÉ (Isaac), curé du Port-de-Lésigny, vers 1700.

D'azur, à 5 sonnettes d'or, 3, 2.

SOUIN DE LA SAVINIÈRE, Sgrs de la Savinière, la la Bastière, Thibergeau, etc.

Cette famille résidait à Bonneuil-Matours à la fin du dix-huitième siècle.

Elle est originaire du Vendômois.

D'argent, au chevron de gueules accompagné en pointe d'une cannette de même ; au chef d'azur chargé de 3 trèfles d'argent.

SOURITEAU (Jeanne) , femme de Louis de la Vau, conseiller du roi (1698) .

D'argent, à 3 lions de gueules, 2, 1.

SOURITEAU (N.) , marchand bourgeois à Châtellerault (1698) .

De gueules, à un chef d'argent chargé d'une souris de sable.

TAIS (du) , Sgrs d'Oiré, au seizième siécle.

De gueules, à 3 clefs d'or, 2, 1, à la bordure d'azur.

TARTARIN (Gabriel) , marchand bourgeois à Châtellerault (1698) .

D'or, à un loup de gueules, au chef bandé d'argent et d'azur de 6 pièces.

TAVEAU, Chev., barons de Mortemer, Sgrs de la Ferrandière, la Chèze, les Chezeaux, St-Martin-la-Rivière, Verrières, etc.

Cette famille, connue dès le quatorzième siècle, a été confirmée dans sa noblesse le 30 décembre 1667, le 29 février 1697 et le 10 janvier 1716.

Elle s'est alliée aux familles de St-Martin, de Liniers, d'Oradour, de Chabannais, Frotier, de Beauvilliers, Baraton, de Longuejoue, de la Beraudière, de Rochechouart, de Ferré, de Brettes, de Martel, de la Haye, de Mansier, de Blom, Goudon de la Lande, de Puyguyon, de Mauvise, etc.

D'or, au chef de gueules chargé de 2 pals de vair.

TERVES (de) , Chev., Sgrs de l'Herbaudière, des Glandes, de Beauregard, de Boisgirault, etc.

Cette famille, originaire du Poitou, est connue dès le quatorzième siècle. Elle a fourni plusieurs chevaliers à l'ordre de St-Jean-de-Jérusalem.

Ses maintenues de noblesse datent des 16 juillet 1624 et 26 septembre 1667.

Elle s'est alliée aux maisons d'Appelvoisin, du Plessis, du Vergier, de Champlais, de la Joyère, de Colasseau, de Pougues, du Chilleau, Vaillant d'Auche, Richeteau de la Coindrie, Brunet de Montreuil, de Grignon, de la Roche-St-André, le Clerc de Vezins, etc.

D'argent, à la croix de gueules, cantonnée de quatre mouchetures d'hermines.

THENAUT (Olivier), greffier des baux au siège royal de Châtellerault (1698).

De gueules, à un lion naissant, d'argent.

THENAUT (N.) greffier de l'Ecritoire à Châtellerault (1698).

D'argent, à 4 fasces de gueules.

THIBAUD DE LA ROCHETHULON, Chev., marquis de la Rochethulon, barons des Prez, Sgrs de Baudiment, Thorigny etc.

Cette famille est originaire du Beaujolais.

Sa filiation suivie commence par Hugues Thibaut, Ec., Sgr de Thulon, né en 1540.

Parmi ses alliances on remarque les familles de Charreton, de Noblet, de Beaumanoir, de Martel, de Saulx, Courault de la Rochevreuse, de Durfort, de Loges, Beaupoil de St-Aulaire, de Thubert, Courtarvel de Pezé, Isoré d.'Hervault, de Grente, etc

La maison de la Rochethulon à été confirmée dans sa noblesse le 3 octobre 1667 et le 4 juin 1669.

Elle a comparu à l'assemblée de la noblesse du Poitou en 1789.

D'argent, au chevron d'azur, au chef de même.

THIBAULT DE LA CARTE, Chev., marquis de la Carte et de la Ferté-Sénectère, Sgrs de Veuzé, Champdoiseau, Jaunay, etc.

Famille d'ancienne noblesse et originaire du Poitou.

Elle a été maintenue dans sa noblesse le 10 novembre 1667 et le 19 novembre 1699.

Ecartelé, aux 1 et 4 d'azur à la tour crénelée, d'argent, qui est de Thibault de la Carte ; aux 2 et 3 d'azur, à 5 fusées d'argent, posées en fasce, qui est de la Ferté-Sénectère.

THOMAS, Ec., Sgrs de Boismorin.

Cette famille a été maintenue dans sa noblesse le 18 mars 1669.

D'or, au chef de gueules, chargé d'une croix tréflée, d'argent, à la bande d'azur en abîme, affrontée d'une tête de Maure, de sable, au tortil d'argent.

THOMÉ (de), Ec., Sgrs de la Morinière, au dix-septième siècle.

Cette famille a été maintenue dans sa noblesse en 1667.

D'azur, à 3 chevrons d'argent, accompagnés de 3 étoiles d'or, 2, 1.

THUBERT (de), Chev., Sgrs de Valençay, paroisse d'Antran, de la Vrillaye, de Valory, de la Tour de Boussay, etc.

Cette famille a comparu à l'assemblée de la noblesse du
Poitou, en 1789.

De sinople, à un chevron d'or, accompagné de trois tierces
feuilles, ou trèfles, d'argent.

TIERCELIN, Chev., marquis de la Roche-du-Maine et
de Brosses, Sgrs de la Mothe-Rousseau, Balou, la Châtei-
gneraie, etc.

Famille originaire du Poitou, où elle est connue dès le
treizième siècle.

D'argent, à 2 tierces d'azur, en sautoir, cantonnées de quatre
merlettes de sable.

TILLEMONT (de), Ec., Sgrs de Lorgère (1700) .

D'azur, à un chevron d'or, accompagné en chef d'une aigle
volant, de même, et en pointe d'un lion d'argent.

TINGUY (de) , Chev., Sgrs de Bessay, de Saunay et
de la Naulière.

Cette famille a été maintenue dans sa noblesse en 1666.

Plusieurs de ses membres ont comparu à l'assemblée de
la noblesse du Poitou, en 1789.

D'azur, à 4 fleurs de lis cantonnées, d'or.

TONNEREAU (Madeleine), femme de Pierre Pidoux,
Ec., Sgr du Petit-Cenon.

De gueules, à un tonneau d'argent.

TRANCHANT (Marie) , veuve de N. Mitaud, procureur à Châtellerault (1698) .

D'argent à 3 bandes d'azur.

TRANCHELION (de), Chev., Sgrs du Bois-d'An-

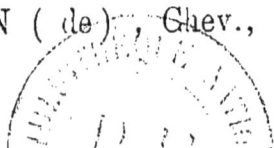

cenne et du Plessis-Bonnay, au quinzième siècle.

De gueules, à un poing d'argent mouvant du bas du flanc dextre, tenant une épée traversant nn lion de même.

TROCHET (du) , Chev., Sgrs de la Tourterie, de Charreau, Néons, etc.

Cette famille a été maintenue dans sa noblesse le 3 décembre 1667.

Un de ses membres a comparu à l'assemblée de la noblesse du Poitou en 1789.

D'azur, à 5 pals d'or.

TURPIN, Chev., comtes de Crissé et de Vihiers, Sgrs de Chistré, Targé, Montoiron, etc.

Cette famille a donné un chevalier croisé, Guy Turpin, en 1096.

Elle a été maintenue dans sa noblesse le 26 septembre 1667.

Losangé d'or et de gueules.

TURPINEAU (N.) , notaire royal à Mondion, vers 1700.

D'or, à 2 fasces barrées d'argent et de sable de 6 pièces.

TURQUAND (Paul) , marchand à Châtellerault (1698) .

De gueules, à 3 tours d'or, 2 , 1.

TUSSEAU (de) , Chev., Sgrs de la Tour-Savary, la Gaschetière, la Nivardière, Leigné, etc.

Cette famille a fourni des chevaliers de Malte.

Elle a été maintenue dans sa noblesse le 26 novembre

1598 et le 10 décembre 1667.

Parmi ses alliances on remarque les familles d'Escoubleau, Petit de Salvert, de Luart, Le Mastin, du Raynier, du Chilleau, Darrot de la Boutrochère, de Messemé, Brochard de la Rochebrochard, de Vandel, de Richeteau, Viault de Breuilhac, Majou de la Rousselière, etc.

D'argent, à 3 croissants de gueules, 2, 1.

VALLÉE (N.) ; procureur en l'élection de Châtellerault (1698) .

D'or, à une montagne de sinople surmontée de 2 croissants renversés, d'azur.

VALLÉE (N.) , marchand à Châtellerault (1698) .

De gueules, à un sautoir d'or.

VALLÉE (N.) , veuve de N. Baudy, marchand à Châtellerault (1698) .

D'or, à un sautoir de gueules.

VANDEL (de) , Chev., Sgrs de la Touche-Montbrard, la Martinière, Vernay, etc. — Famille dont l'origine remonte au quinzième siècle.

Elle a été maintenue dans sa noblesse les 8 février 1600, 30 janvier 1609, 21 août 1624, 9 septembre 1667 et 12 mars 1699.

En 1789, elle a comparu à l'assemblée de la noblesse du Poitou.

De gueules, à 3 gantelets d'argent, 2, 1.

VANTELON (N.) , Sgrs des Pallus, huissier de chambre de Madame la Dauphine et de la duchesse de

Bourgogne (1700) .

De gueules, à une cigogne d'argent.

VASSÉ (de) , Chev., marquis de Vassé, Sgrs de la Touche d'Avrigny, Eguilly, Marcilly, etc.

Cette famille a comparu à l'assemblée de la noblesse du Poitou, en 1789.

D'or, à 3 fasces d'azur.

VASSELOT (de) , Chev., comtes de Vasselot, Sgrs de Charlée, la Chèze, etc.

Cette famille a été maintenue dans sa noblesse en 1667.

Elle a comparu à l'assemblée de la noblesse du Poitou en 1789.

D'azur, à 3 guidons d'argent, montés sur des lances d'or, en pal, 2, 1.

VAUCELLES (de) , Chev., Sgrs de la Varenne, de la Razillère, Bilazay, etc.

Cette famille, d'ancienne noblesse, est connue dès le quatorzième siècle.

Elle a été maintenue dans sa noblesse le 10 novembre 1667.

Pierre-André- René de Vaucelles, Sgr de la Varenne, comparut, en 1789, à l'assemblée de la noblesse dn Poitou.

D'argent, au chef de gueules, chargé de 7 billettes d'or.

VEAU, Chev., Sgrs de Coesmé, Pont-Amboizé, Aufray, Rivière, etc.

Vers 1669, cette famille a été maintenue dans sa noqlesse par arrêt des commissaires généraux dn Poitou.

Elle a comparu à l'assemblée de la noblesse de cette province en 1789.

D'or, au chevron d'azur, accompagné de 3 têtes de veau, de gueules, posées dé profil.

VERGNAULT, Ec., Sgrs de la Morinière, Bournezeaux, Raincy, etc.

Cette famille a été maintenue dans sa noblesse le 20 juillet 1667.

D'azur, à l'arbre de sinople posé eu pal.

VERGNON (Daniel) , marchand, à Châtellerault, vers 1700.

D'or, à 3 fasces ondées, d'azur.

VIART, Chev., Sgrs de la Mothe-d'Usseau, la Gatelinière, Orennes, etc.

Cette famille fut anoblie en 1388.

Elle a comparu à l'assemblée de la noblesse du Poitou en 1789.

D'or, au phénix posé sur un bûcher, de gueules ; au chef d'azur, chargé de 3 coquilles d'argent.

VIDARD, Ec., Sgrs de la Ferraudière, Borgne-Savary, Boutroux, etc.

Cette famille a été maintenue dans sa noblesse le premier août 1670 et en 1715 et 1717.

De gueules, à 3 dards d'or, 2, 1, surmontés de 3 autres dards du même, un en pal, et les deux autres en sautoir.

VIEUX (de) , Ec., Sgrs du Genest.

Cette famille a comparu à l'assemblée de la noblesse du Poitou en 1789.

Pallé d'argent et de gueules, à l'épée d'argent garnie d'or, posée en bande, la pointe en bas, brochant sur le tout.

VILLIERS (de) , Ec., Sgrs de la Felonnière, de la Tour de Brou, etc.

D'argent, à 2 lions adossés, de sable, armés, lampassés et couronnés de gueules.

VIRON (Bertrand) , Sgr de la Davière, bourgeois de Dangé (1700) .

De sinople, à un lion de vair.

VIVONNE (de) , Chev., barons de la Chateigneraye, Sgrs de Marigny, Beaulieu, Faye, Aubigny, Thors, la Mothe-Ste-Héraye, etc.

Famille d'origine chevaleresque et qui est connue dès le onzième siècle.

D'hermines, au chef de gueules.

VOYER (de) , Chev., marquis de Paulmy et d'Argenson, comtes du Ban-de-la-Roche, vicomtes de la Roche-de-Gennes, de Mouzay et de la Guerche, barons des Ormes-St-Martin, de Marmande, de Boizé et de Réveillon, Sgrs de la Garenne de Séligny, la Motte-au-Grouin, Mousseaux, etc.

Famille originaire de Touraine, où elle est connue dès le treizième siècle.

Par lettres patentes de janvier 1569, les terres de la Roche de Gennes, de Paulmy et de Plessis-Ciran furent érigées en vicomté pour Jean de Voyer.

La seigneurie d'Argenson fut érigée en marquisat, en

janvier 1700, en faveur de Marc-René de Voyer d'Argenson.

Parmi ses alliances cette maison compte les familles de Betz, de Lespinay, Ancelon de Fontbaudry, de Gueffault, Frotier, Turpin de Crissay, Robin de la Tremblaye, de Larçay, Barjot de Moussy, de Beauvau, de Mauroy, de Méliand, Houlier de la Poyade, Le Fèvre de Caumartin, de Bernage, des Marets, de Laval-Montmorency, de Lascours, de Croy-Chanel, etc.

Ecartelé, aux 1 et 4 d'argent, à une fasce de sable, qui est de Gueffault ; aux 2 et 3 d'azur, à 2 lions léopardés, d'or, passants l'un sur l'autre, couronnés de même, armés et lampassés de de gueules, ; sur le tout l'écusson de Venise, qui est d'azur, à un lion ailé, assis, d'or, tenant l'épée nue et un livre ouvert, d'argent, sur lequel sont écrits ces mots : « Pax tibi Marce ».

YVEN (N.) , curé de Ponthumé, vers 1700.

De gueules, à une licorne d'argent.

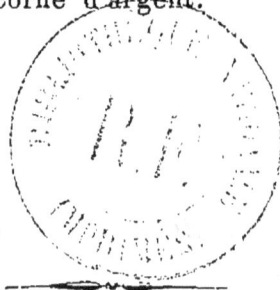

LIBRAIRIE SUPPLIGEON, A TOURS.

49, rue Nationale, 49

CATALOGUE ANALYTIQUE

D'AVEUX DE FIEFS

RENDUS PAR DES FAMILLES

DE LA TOURAINE, DE L'ANJOU, DU MAINE ET DU LOUDUNOIS

(XVIIᵉ ET XVIIIᵉ SIÈCLES)

Par J. X. Carré de Busserolle, ancien vice-président de la
Société archéologique de Touraine,
Membre de la Société des gens de lettres.

Un volume in-8. — Prix : 6 fr.

Cet ouvrage n'a été tiré qu'à 50 exemplaires. Il contient les noms de plus de 900 familles.

DU MÊME AUTEUR :

DICTIONNAIRE GÉOGRAPHIQUE, HISTORIQUE ET BIOGRAPHIQUE D'INDRE-ET-LOIRE ET DE L'ANCIENNE PROVINCE DE TOURAINE.

6 vol. in-8, à deux colonnes. Prix : 170 fr.

Il ne reste qu'un très-petit nombre d'exemplaires.

Montsoreau, imp. Carré de Busserolle.

www.ingramcontent.com/pod-product-compliance
Lightning Source LLC
Chambersburg PA
CBHW052042270326
41931CB00012B/2598